D.カーネギー協会◆編
片山陽子◆訳

D.カーネギーの指導力

Dale Carnegie
Become an Effective Leader

創元社

Become an Effective Leader
By Dale Carnegie & Associates, Inc.

D・カーネギーの指導力◆目次

第3章　部下をやる気にさせる◆057

第4章　スタッフを採用する◆095

第5章　成果を上げる◆125

第9章 プロのリーダーになる◆213

デール・カーネギーの原則◆225

装幀◆日下充典

はじめに
◆◆◆求められるリーダーの役割

管理職として成功するには、部下たちのリーダーであることと、組織の目標を達成することのどちらが大事なのだろう?

優秀な管理職は、組織の目標を達成するには真のリーダーにならなければならないことを知っている。すなわち部下を導き、コーチし、面倒を見て、やる気にさせなければ、彼らを率いてすぐれた業績を上げることはできない。仕事で成功したければ、リーダーシップと管理のスキルのバランスをとることが大事なのだ。

自分が管理職としてどんな仕事をするか、部下がどんな仕事をするように指導していくかを吟味し、バランスをとることも重要になる。できるだけいいリーダーになって自分自身と組織のために最良の結果を出すには、リーダーとしての自分のあり方をどのように見定め、どこを強化したらいいのだろう？

他人をどう見るか、周囲の世界をどう見なすかが、私たちの現実と仕事の環境をつくりあげる。本書ではリーダーのあり方について、私たちがこれまでに学んできたことと、その経験の結果として形成された信念とを検討してみたい。

◆リーダー／管理者の役割は変化する

世界はめまぐるしく変化している。したがって、リーダーや管理者が引き受けるべき役割と責任も絶えず変化している。ヨーロッパ、アフリカ、南北アメリカ、アジア、そのほか地球上のどこであれ、製品をつくるにもサービスを提供するにも、つねによりすぐれた、より効率的な、より生産的な、そしてより利益の高い方法を見つけていかないかぎり競争に勝っていくことはできない。競争相手に勝てばいいだけではない。部下をはじめ、国内外の顧客や、取引先や、代理店や、ビジネスパートナーらの期待も高まっている。急速に変化する今日の世界のなかで競争力を保っていくには、二一世紀の方法で組織をリードし、管理していく必要がある。

◆ビジョンをもち、共有する

リーダーは自分の考えをもち、共有できるビジョンを掲げ、部下たちにそれを明確に伝えていかなければならない。今日のこの世界のなかで組織を発展、繁栄させるには、部下たちに定められた職務内容の枠を越えて、すなわち与えられた仕事をただこなすというレベルを越えて、働いてもらう必要がある。優秀な人材を雇い、組織を発展させる戦力に育てることはもちろん重要だ。だがリーダーがまず目標を掲げ、明確なビジョンを職場の仲間に伝えていかないかぎり、人を育てることもままならないし、部下に組織の発展を手助けしてもらうこともできないだろう。ひとたびビジョンが共有され、組織に浸透すれば、その結果として部下は権限を付与され、自律的に行動できるようになり、管理者はつぎのレベルへ移行することができる。部下は自らの役割を「仕事をこなす」ことではなく「結果を出す」ことだと見るようになり、結果に着目することで、上司も部下も喜んでリスクと責任を負うようになる。すなわちリーダーは組織のなかで、リーダーにしかできない仕事をするようになり、部下は結果に焦点を合わせることによって、自己管理の力をより大きくし、上司の助けがなくても腕を振るえるようになっていく。

部下の自律的な行動を促すのはビジョンの共有である。そのためには、そのビジョンが組織全体に明確に伝えられなければならない。すぐれたコミュニケーションのスキルは、有能なチームを育て、団結心を培い、組織をつぎのレベルへと押し上げていくのに不可欠な力である。

◆部下の問題に対処する

ふだんからどれだけ気を配っていても、管理者は必ず部下の成績不振や問題ある行動に対応せざるを得なくなる。チームの業績も管理者としての業績も、そのような問題をどうあつかうかにかかっている。公平さ、一貫性、そして決然とした姿勢が、適切なときに適切なかたちでしめされなければならない。さもないと職場全体の士気が落ち、生産性も、顧客の忠誠心も、従業員の忠誠心も影響を受ける。そのどれもが今日の厳しい競争社会では決して軽視できないことだ。

本書では、リーダーや管理者が必ず出会う種々の問題について取り組んでいく。そして、上司も部下も生産性を伸ばし、同時にビジネスパーソンとして成長するのに役立つスキル、姿勢、能力を身につけられる方法を提案したいと思う。

本書を十分に役立てるには、まず全体を読み通して、リーダーの役割についてひと通りのことを頭に入れ、それから各章を読み直して、その領域で達成したいことをめざして努力することを推奨する。

編者◆アーサー・ペル

第1章 ボスではなくリーダーになれ

経営学の巨人で、数多くの著書をもつピーター・ドラッカーはこう書いた。「管理と呼ばれるもののほとんどは、部下が自分の仕事をやり遂げるのをじゃますることで成り立っている」

ドラッカーにそう書かせたのは何だろう？　部長や課長は、部下たちにいったい何をしているというのだろうか？

管理職や監督的立場にある多くの人が、部下をまるでロボットのようにあつかっている。部下に期待するのは定められた手順をきちんと守って仕事をすることで、自主的に行動したり新しいことを考えたりして頭を使って仕事をすることではない。規則や手順や慣例に従わせることに管理者は強い関心があるが、それは同時に、管理下にある部下一人ひとりの潜在性に目をつぶることに他ならない。

すぐれた管理者は、仕事のしかたを部下に逐一指図しない。本当の意味で部下を率いるリーダーは、組織の業績を上げるだけでなく、モチベーションの高いチームを育てる。誰もが仕事と人生のあらゆる面での成功をめざす、意欲的な職場をつくる。

> リーダーがもつべき資質のなかで、いちばん大事なのは何か？
> それは腕が立つことでも頭がきれることでもない。
> やさしさでも勇気でもユーモアのセンスでもない。
> もちろんそのどれもがきわめて重要ではあるが。
> 最も大事なのは友人をつくる能力だ。
> つまるところ、他人の最もいいところを見抜く力である。
>
> デール・カーネギー

リーダーは部下に仕える

真のリーダーは部下に仕える人であって、部下が仕える人ではない。世間一般の組織から連想される構図はたいていピラミッド型だ。頂点に経営者がいて、その下に幹部役員、その下に中間管理職や現場の監督、その下に一般社員がいる。そしてそのピラミッドの最底辺に、私たちが何かを提供して満足させたい顧客がいる。

ピラミッドの各層の目的は上の層に仕えることだ。すなわち一般社員は監督に、監督はその上の管理職に仕え、つまるところ全員がトップの経営者のために働く。ピラミッドの最底辺にいる顧客は、事実上無視される。

このピラミッドは逆転させるべきだ。トップの経営者は中間管理職のために、中間管理職は最前線に立つ従業員のために働く。そしてピラミッドの成員すべてが顧客のために働くのでなければならない。

世界最大級のホテルチェーンの創業者、ウィラード・マリオットがこう言っている。「私の仕事は部下をやる気にさせることだ。彼らに教え、彼らを助け、そして彼らのことをいつも気にかけていることだ」。この最後の一言に注目してほしい。気にかけている――そう、すぐれたリーダーはいつも部下のことを気にかけているのである。部下の一人ひとりについて、長所短所や好き嫌い、どう行動しどう反応するかなど、可能なかぎりのことを理解し、わざわざ時間をつくって彼らとつき合い、仕事のノウハウやツールやスキルを授ける。それはいちいち細かく口を出して仕事のじゃまをする上司とはまったく違うものだ。

理想の上司とはどんな人かというアンケートを行なうと、必ず上位を占めるのが「私のためにそこにいてくれる人」という答えである。それはただ命令や指示を下すだけの上司ではない。ばかにされる心配をせずに何でも聞ける人であり、情報や助言をもらえる人であり、教育してもらえる人だ。それは部下が力を伸ばすのを助ける上司である。部下を仕事の道具としか思わない上司ではない。

エンパワーメント

真のリーダーは部下に〝エンパワー〟する。すなわち仕事を自律的に進めるのに必要な「権限」を与える。

経営管理の分野では、近ごろエンパワーメントという言葉が一つの流行語のようになっている。エンパワーメントはもともと法律用語で、法的な権利を他人に譲渡するという意味だ。ビジネス用語としてはやや広い意味で用いられ、上司が部下にいくらかの権限を与えること、上司と部下がある程度の権力と支配力を共有することである。すなわち仕事をどう進めるかをすべて上司が決定するのではなく、実際に仕事をする部下が決定に参加する。決定にさいして部下が発言できれば、上司のほうも仕事の進め方についていろいろな情報が得られるし、部下は決定に参加したことで、そのプロジェクトを必ず成功させようという気持ちになる。

管理者とリーダーはどう違うか

管理者は「この仕事はこのようにやりなさい」と部下に告げ、部下が黙ってそれに従うことをよしとする。それに対してリーダーは、日常の何気ないやりとりのなかでも、また会議や提案書などの正式の場でも、スタッフにアイディアを求めることを通して自分の頭で考えることを奨励する。管理者は部下が何に説明責任を負うかをただ告げる。リーダーは部下にエンパワーする。すなわち周囲から承認される範囲内で、彼らが自ら意思決定できる環境を与える。

管理者は部下に規則と方針を告げ、それらがいかにきちんと守られるかに注目する。リーダーは部下をやる気にさせ、その仕事をどうやってやるかを教える。望ましい結果が出ないときは、訓練の質と量を向上させて業績を回復させる。部下の学習を手助けすることが高い業績を達成するカギだと考える。

管理者は「正しいやり方でやる」ことを、リーダーは「正しい結果を出す」ことを重視する。むろん管理が必要なときもある。法的な理由などで、決まった手順でものごとが行なわれることが肝要なときは、管理的立場にある者は、その通りに行なわれるようにしなければならない。しかしそれが彼らのいちばん大事な仕事ではない。規則の強調もときには必要かもしれないが、もっと大事なのは、部下を教育し、モチベーションを高め、実力をつけさせ、部署と会社の目的達成に全力を尽くそうという気持ちにさせることだ。部下をこういう気持ちにさせることこそが、真のリーダーシップである。

いい上司、悪い上司

ハリーは部下にもてるのが自慢の上司だ。じっさい部下から好かれているように見えるので、自分ではいい上司だと思っている。その人気を落とすのが嫌で、多少の規則違反には目をつぶり、仕事上のちょっとしたミスも不問に付してきた。誰かを叱る必要が生じても、一日延ばしに延ばすうちに叱る理由を忘れてしまうこともある。一方では、むやみやたらに部下をほめるので、彼のほめ言葉は事実上、無意味になっている。

ハリーとは逆に、テレサはとても厳しい。人は強制しなければ仕事をしないと信じている。無愛想で、独断的で、「私は上司よ。給料がほしければ、もっと働くことね」が口癖だ。部下をほめることはめったになく、職場の全員が見ている前で叱り飛ばすのは日常茶飯事だ。

ハリーもテレサも大いに問題のある上司だ。こういう極端な態度は決していい結果を生まない。上司のこういう態度によって職場がどうなるかを見てみよう。

◆甘い上司

上司がにらみを利かせることができないと業績は悪化する。スケジュールは守られず、品質は落ち、従業員は上司が甘いのをいいことに平気でズル休みをしたり遅刻したりして、職場全体の空気が退廃する。ハリーの部下は彼をリーダーだとは思っていない。彼の弱みにつけこんでいる。

業績に影響が出るほど上司が寛容だったり甘かったりするのはなぜなのか？　根本的な原因は、たいてい自分の能力への不安感だ。人は自信がないと、他人から是認されることで自尊心を支えようとする。人気者になりたがり、「仲間」になりがたる。そういう上司は部下に甘くしておけば是認されると信じている。

もしもハリーの上役が業績の悪さを発見すれば、彼は説明責任を問われるだろう。そうなったら大慌て。急いで挽回しなければならない。自然な反応として、彼はいきなり態度を変える。厳しく要求のきつい上司に突如変身し、部下に高圧的になり、怒鳴ったりわめいたりするかもしれない。ちょっとした違反も見逃さず、つい一週間前には無視していたようなミスを厳しくとがめ、罰を与えるかもしれない。部下は彼のそんな態度に怒りと不信感をつのらせるだろう。しばらくは業績が上向くかもしれない。しかしこうした態度はハリーの本性とは逆なので、事態が改善されれば、もとの彼に戻ってしまう。

管理スタイルがころころと変わることは、一つのスタイルを押し通すより、はるかに部下の士気を低下させる。部下は上司の行動が読めず、不信感から働く意欲や団結心が低下し、離職が増える。

ハリーの甘さは、おそらく彼自身の不安感が原因だ。彼に必要なのは自信をつけることである。そのための一つの方法は、自分の仕事のエキスパートになることだ。自分の仕事について誰にも負けない知識があれば、その安心感が自信となり、仕事にまつわるあらゆることに自信をもって向き合える。

◆厳しい上司

テレサにも同じような問題がある。彼女の管理スタイルはハリーのそれとは正反対だが、結果は変わらない。彼女は部下の怒りや恨みを買っており、彼らはテレサに協力することを拒んでいる。協調精神がなければ、当然ながら生産性は悪くなる。離職率が高くなり、ズル休みも多くなり、不平不満が山積し、士気は上がらない。

厳しい態度の原因も甘い態度のそれと同じで不安感である。しかし甘い態度を厳しい態度に取り替えることはできても、厳しい人間が甘い態度をとるようになるのは難しい。おそらく彼らは気持ちが頑なで、周囲に対して頑なな態度しかとれないからだ。頑なさが彼らの行動様式の基本なのだ。

解決するには対人関係に十分な知識をもつことである。部下をもっとほめること、怒りや恨みを買わずに人をうまく叱ることを管理者は学ばなければならない。テレサは態度や口調を和らげ、反発を招かないものの言い方を身につけて、同僚やスタッフともっと友好的に接していけるようになる必要がある。

◆◆◆理想の上司

最も効果的な管理スタイルは、これら両極端の中間にある。部下がいい仕事をしたら、ほめる。だが度を越えてはいけない。ハリーのようにむやみにほめ散らしていると、部下は本当にいい仕事をしたときにも、それが正しく評価されたとは思わなくなる。一方のテレサはまったくほめなかったので、部下たちは努力のしがいがないと思うようになった。

部下を叱らなければならないときは、他人の目のないところで、落ち着いて穏やかに話をする。大声を上げてはいけないし、相手の言い分は必ず聴く。話にじっくり耳を傾け、相手がすべてを話し終えるまで口をはさんではいけない。建設的に批判し、できるだけ具体的な話をする。

怒っているときや気分の悪いときに人を叱ってはならない。口論につい引きずり込まれないように注意する。皮肉な口調や嫌味な言い方、しつこい小言もいけない。争点から決して外れないよう気をつける。叱る目的がまちがいを正すことであるのを忘れないように。すぐれた上司は、相手の怒りを買って問題を倍増するようなことはしない。つねに「人」ではなく「行動」に焦点を合わせる。

すぐれたリーダーは決して優柔不断でも、迎合的でも、暴君でもない。部下からないがしろにされることも恐がられることもない。有能な管理者は自分に自信をもち、相手に対しては敬意がある。

ボスではなくリーダーになる

部下を抑えつけ管理するボスと、部下を育て率いるリーダーとを比較すると、つぎのようになる。

ボス	リーダー
部下を追い立てる	部下を導く
不安を植えつける	やる気を吹き込む
「やれ！」と命じる	「やろう！」と誘う
仕事を「辛いもの」にする	仕事を「おもしろいもの」にする
権力に頼る	協力に頼る
「私は…」と話し出す	「私たちは…」と話し出す

リーダーシップにまつわる誤解

リーダーとして前進したければ、リーダーシップにまつわる誤解を捨てなければならない。世間にはリーダーの役割を担うのを遠慮する人がいる。リーダーになるには何かカリスマ性のような生来の資質が必要で、そういうものが備わっていないと人を動かすことはできないと信じているからだ。

たしかに世界の偉大なリーダーのなかには、そういうものをもって生まれた人がいる。大衆の心をわしづかみにするような特別な魅力のある人がいる。だがそれは例外だ。すぐれたリーダーの大多数は、苦労してその地位についたふつうの人間なのだ。もしも生まれながらの才能があれば、人を率いることがどれだけらくになるだろう。だが素質は不可欠なものではない。人を率い、動かしていくのに必要なスキルは、誰でも必ず身につけられる。リーダーシップは学んで身につけられる技術である。敬意と信頼と全面的な協力を受けながら人を率いていくすべは、身につけたいと願うなら、誰でも多少の努力で獲得できる。

管理職についている多くの人が、自分はマネジメントのプロだと言いたがる。だが本当にプロだろうか？　他の仕事のプロ、たとえば医師や弁護士、臨床心理士、技師などは、専門的な勉強をして、試験に合格して資格を取得する必要がある。管理職につくのにそんな資格はいらない。なかには専門の教育を受けて、経営学の学位をもつ人もいるが、大半の管理者は一般社員からただ昇格しただけで、人を管理することについての専門的な訓練をほとんど受けたことがない。彼らの大半は、いわば見よう見まねでやっている。

専門的な講習を受けて、マネジメントの技術を獲得した有能な管理者はたしかに増えてはいるが、それでもほとんどの人は、たとえば自分の上司を見習うことしかしていないだろう。それはすぐれたお手本かもしれないが、すでに時代遅れになっている可能性も多分にある。

これからあげる見解のなかには、かつては有効だったかもしれないが、いまは役立たないものもあるし、まったくのウソもある。マネジメント、すなわち管理職の仕事にかんする多くの神話と誤解のなかからいくつか拾ってみよう。

◆◆◆管理職は常識でつとまる

あるマネジャーが、初めて管理職についたときにどんな教育を受けたかをたずねられ、こう答えた。「昇進したとき、ある古参の部長に部下をあつかうコツを聞きにいった。するとこう言われた——常識でやれば、まったく問題ないよ」

常識とは何だろうか？　ある人には賢明な考えと見えるものが、べつの人にはまったくばかげたことに思えるかもしれない。常識は文化でも変わる。たとえば日本では、何を決めるにも全員の意見が一致するのを待つのが常識だが、米国ではそんなやり方は非効率的で、時間のムダだとばかにされるだろう。

文化や習慣の違いが常識を変えるだけではない。何がよくて何が悪いか、何が効率的で何がムダか、何が役立ち何が役立たないかは、一〇人いれば一〇通りの考えがある。

人には自分の経験をもとに独自の常識をつくり出す傾向がある。問題は、個人の経験には限りがあり、限られた見解しか得られないことだ。私たちがふだん常識だと思っているものは、たいてい自分自身の経験から出たもので、したがって限られた見方にすぎない。リーダーシップには個人の経験をはるかに越えるものが必要だ。真のリーダーであるには、常識よりはるかに広い視野がなければならない。

財務や製造ラインの問題を解決するのに常識に頼ったりはしないだろう。そうした分野のことには、できるだけ優秀な専門家から助言や情報をもらおうとするはずだ。ならばなぜ対人関係の問題をあつかうときには、あまり実用的でないものに頼るのだろうか？

マネジメントの技術については、いろいろな方法で多くのことを学ぶことができる。経営学関連の本や雑誌を読むのもいいし、講座やセミナーに行くのもいい。業界の会合に積極的に参加するのも役立つ。

上司は何でも知っている

上に立つ者だからといって何でも知っているわけではない。そんな上司はどこにもいない。自分があらゆる答えを知っているわけではないことを受け入れればいい。ただし、答えを手に入れるスキルは必要だ。いい方法の一つは、同じような問題を抱えている他社の人たちと知り合いになることだ。じつに多くのことを学べるだろう。会社の外に情報提供のネットワークをつくれば、助言やアイディアや、問題解決のヒントや戦略を授けてくれる人々に、必要なときいつでも接触することができる。

人からどうぞと差し出されたアイディアより、
自分で苦労してみつけだしたことのほうが
ずっと信頼できるのではないだろうか？
だとすれば、自分の考えを他人に押し付けるのは得策でない。
ヒントだけ与えて、
結論は相手に考えさせるほうがはるかに賢明というものだ。

デール・カーネギー

「言うことを聞かないやつはクビだ！」

「恐怖政治」はいまでもよく見られるし、ときには効き目があるかもしれない。職を失うのが怖ければ人は働く。だがどれだけ働くだろう？　答えは「クビにならずにすむ分だけ」。それがこの管理テクニックの限界だ。すぐれたマネジメントは人を喜んで働かせる。

そもそも人をクビにするのは簡単ではない。また新しく人を雇うのにかかるコストと苦労を考えても、誰かをクビにしたら、その問題のある従業員を雇いつづけるよりはるかに大きな問題が降りかかるだろう。

恐怖心につけこんだ管理によって、すぐれた従業員を長く職場にとどめることはできない。求職難のときなら上司が横暴でもがまんするかもしれない。しかし求人市場が回復すれば、優秀な人間はもっと快適に働ける環境を求めて去って行く。従業員の離職は会社にとって高くつき、致命的な痛手になることもある。

ほめることは従業員を甘やかすことだ

管理者のなかには部下をほめると彼らがいい気になり、それ以上努力しなくなるのが怖いという人がいる。たしかにそういう反応をする従業員もいる。どういう言葉でほめるかが重要だ。そのほめ言葉を励みにして、もっといい仕事をしたいと思わせるほめ方をしなければならない。

従業員をほめると、昇給やボーナスを期待されそうだという心配もある。そういう期待をもたれることもたしかにあるかもしれないが、だからといって、ほめるべきときにほめないのはいけない。従業員に、昇給やボーナスがどのように決められるのかを教えておけばいい。毎年の人事考課で報酬が再検討されるとわかっていれば、彼らはそのほめられた仕事が、きっと評価の対象になるだろうと安心することができる。

ほめる必要はないという管理者もいる。ある部長がこう言った。「うちのスタッフは、私が何も言わないときはそれでオーケーなのだと解釈している。私が何か言わなきゃならないときは、何かまずいことがあったんだと思っているよ」。上司からのフィードバックが小言だけというのは得策ではない。人がネガティブな言葉にどう反応するか、ポジティブな言葉にどれだけ励まされるかを思い出してほしい。

もちろん、ほめすぎはいけない。ほめるに値しないことまでほめていたら、ほめ言葉の意味がなくなり、本当にほめなければならないときに用をなさない。能力のない従業員が自分は有能なのだと勘違いするかもしれない。ほめ言葉を上手に使うテクニックについては第3章で述べる。


どんな小さな進歩でも、ほめようではないか。それだけでその人間がもっと進歩しようという気になるのだから。

デール・カーネギー

部下はムチでしつける

奴隷の主人のようにふるまう上司が、いまだにいるのもたしかである。経営コンサルタントで『コーポレート・コーチ』の著者のジェイムズ・ミラーは、毎年その年の「ベスト・ボス」と「ワースト・ボス」のコンテストを開いている。候補者は各社の従業員が推薦する。ミラーはベスト・ボスよりワースト・ボスの候補のほうがだんぜん多いと報告している。彼の報告によれば、上司が部下から嫌われる主な理由は「部下のあら探しばかりする」「嫌みな言い方をする」「他人の失敗を喜ぶ」「部下に大声を上げたり怒鳴ったりする」などである。

なぜそういう態度になるのだろう？　このような態度をとる上司のなかには、自分自身がずっと親や教師やかつての上司から叱られたり怒鳴られたりしてきたせいで、部下にはそうするものだと思い込んでいる者もいるかもしれない。

誰でもときには大声を上げる。ストレスがあれば、とくにそうなりがちだ。怒鳴らずにいるためには大変な自制心がいることもある。しかし、すぐれたリーダーはそういう気持ちをコントロールできる。たまに堪忍袋の緒が切れるのはかまわないが、怒鳴るのがふだんのコミュニケーション方法になったら、真のリーダーにはなれないことを自ら認めているのと同じである。怒鳴り散らすことで、心からの協力を得ることはできない。

ゴールデンルールよりプラチナルールを

「人からしてもらいたいと思うことを人にしてあげなさい」という聖書のゴールデンルールは、部下をもつ者へのすぐれたアドバイスだ。ただしある程度までは、である。というのも、人はみな同じではないからだ。自分があつかわれたいように人をあつかうのと、その人があつかわれたいようにあつかうのとはまったく違う。

たとえばリンダは、最終的な目標だけ与えられたら、あとは自分でプランを立てて仕事を進めていくのが好きだ。しかし彼女のアシスタントのジェイは、細かい点まできちんと指示してもらわないと安心して仕事を引き受けることができない。だからもしリンダが、自分がそうしてもらいたいように、ジェイに目標だけを伝えて仕事を任せてしまったら、彼は途方にくれるばかりだろう。

ディックはつねに人に力づけてもらいたいと思っている。いつも上司が見守ってくれて、「よくできたね」「大丈夫だよ」と励ましてくれれば機嫌よく仕事ができる。しかしエイミーは、上司に仕事ぶりをたびたびチェックされたりしたら腹を立てて、どうしてもっと私を信頼してくれないのかと文句を言うタイプだ。ディックとエイミーを同じようにあつかって、どちらにもいい仕事をしてもらうのは難しい。

人にはそれぞれ自分なりの流儀があり、やり方があり、癖がある。だとすれば「自分がしてもらいたいように人にする」というのは、部下をあつかうときには最もまずいやり方になる可能性がある。

すぐれた管理者になるには、スタッフの一人ひとりを理解し、それぞれの個性に合わせて対応を調整することである。ゴールデンルールではなくプラチナルールに従う。すなわち人には「その人が人からしてもらいたいようにしてあげる」ことだ。

もちろん妥協も必要だ。その部下にとっては苦手なやり方で仕事をさせなければならないこともある。達成すべきことを明確にし、起きる問題を予測して、部下に仕事を引き受ける準備をさせよう。

実績より大事なもの

生産性、実績、利潤の追求は管理者の大切な仕事である。だが考えるべきことはそれだけだろうか？　もちろん企業が生き残るには結果を出さなければならない。しかしそれと同じくらい重要なのが、従業員を育てることである。部下たちの可能性をないがしろにしたら、チームの力も達成する結果も限られたものになる。言いかえるなら、目先の利益のために長期的な成功も、生き残りさえも犠牲にすることになる。

コンピュータ部品の会社を立ち上げた当時のエリオットは、新しい成長産業のパイオニアだった。業界のリーダーになるという意気込みに燃え、従業員を叱咤激励して高い生産性を上げつづけ、利益を上げる方法を学ぶことにも努力を惜しまなかった。しかし彼は、人を育てることにはまったく目が向かなかった。従業員は技術系の人間、事務系の人間を問わず、アイディアを出したり提案したり、自分の裁量で仕事を進めたりといった機会をほとんどもつことができなかった。会社は何年間もそれなりの業績を保ったが、エリオットが願ったような業界のトップにはついになれなかった。従業員の能力や野心がないがしろにされたせいで、優秀な技術者の多くが他社へ引き抜かれていったし、エリオットが自分のアイディアしか頼りにしなかったために、従業員らが革新的なアイディアを見つけ出すこともなかったからだ。

まとめ

◆リーダーは部下に仕える。部下を抑えつけ管理する「ボス」ではなく、部下を育て率いるリーダーにならなければならない。

◆上司は厳しすぎても甘すぎてもいけない。最も効果的なマメジメントのしかたは、その中間にある。

◆リーダーシップについてはいろいろな誤解がある。これまでの「常識」やかつての上司のやり方を盲目的にまねしてはいけない。

◆ゴールデンルールではなくプラチナルールに従う。すなわち人には「その人が人からしてもらいたいように」してあげる。

◆長期的な視点では、実績を上げることよりも部下を育てることが重要になる場合がある。

第2章 成功するリーダーになる

生まれながらのリーダーである必要はない。訓練すれば、たいてい誰でもリーダーになれる。ただし真にすぐれたリーダーになるには、獲得しなければならない特性がある。それがどういうものかについてこれから解説しよう。

成功するリーダーの一六の特性

傑出したリーダーは、それぞれ長所や能力は違っても、生きる姿勢が似ている。つぎの一六項目は、すぐれたリーダーが必ずといっていいほど備えている特性だ。

1◆健全な価値観と高い倫理観

サー・ジョン・テンプルトンは、世界で最も収益性の高い投資信託会社の一つ「テンプルトン・ファンド」を創業した人物で、哲学者でもあった。その言葉には多くのことを教えられる。

彼のビジネスの根底にあったのは、大きな成功をおさめる者の多くは、きわめて倫理的な人間だという信念だった。彼はビジネスには道徳的な正しさが大事なことを深く理解し、決してごまかしや裏切りをしない人間に顧客は全幅の信頼をおくと述べている。

額に汗して働くことと正直と忍耐――これがテンプルトン哲学の土台である。彼はこう言った。「仕事に自分自身を投資することを学んだ者は成功する。彼らはもてるものを自分で稼ぎ出したのだ。お金の値打ちを知っているだけでなく、自分の値打ちも知っている」

2◆手本をしめして人を率い、誠実に行動する

成功するリーダーは自分のプランであれ他人のアイディアであれ、誠実に実行し、達成に全力を尽くす。実際に達成することほどリーダーシップを強力にするものはない。リーダーとチームが一緒に目標を立て、その達成に全力で取り組めば、成功の可能性は大いに高まり、誰もが前進への意欲をかき立てられる。

3◆組織の目標を深く認識し、変化に敏感である

すぐれたリーダーは自らに高い水準を課し、目標の達成に全力をあげる。失敗は誰でもする。失敗したら、それを学びの機会と見て、成功に変える努力をすればいい。よく言われるように「失敗したことのない人間は、決心したことのない人間」なのだから。

4◆現状に甘んじず、つねに上をめざす

彼らが自分に完全に満足することはない。自分の専門領域の最新技術に精通しているだけでなく、多方面に知識と理解を深めようとする。精力的に読書し、専門紙や雑誌を講読する。専門家や同業者の団体の仕事を進んで引き受け、進歩発展から目を離さないだけでなく、自分たちのアイディアを他の組織と分かち合うことにも努める。会議や大会に進んで参加して人脈を広げ、年月をかけて知識とアイディアの広大なネットワークを築きあげる。

5◆すぐれた聴き手である

彼らは人の話に真剣に耳を傾ける。部下が往々にして自分たちよりすぐれたアイディアや提案をもっていることを認識し、発言を奨励する。すぐれたリーダーはスタッフの誰もが決定への参加を歓迎されるような協同作業的な雰囲気をつくる。

6◆窮地におちいっても感情を抑制できる

彼らは失敗しても、敗北に打ちのめされたりしない。たとえ挫折しても自分を奮い立たせ、挑戦することをやめず、部下を励まし、ともに前進しようとする。すぐれたリー

ダーはストレスのもとでも気持ちをコントロールできる。怒りにまかせて大声を上げたり、部下を怒鳴りつけたりしない。

遠くまで行けた者は、たいてい自ら行きたいと思い、思い切って行ってみた者だ。安全第一にしていたら、船は岸から離れられない。

デール・カーネギー

7◆ポジティブな姿勢

ポジティブに考える習慣をもつと、能力がいちじるしく増大する。理由は二つある。一つは、それまで封印され埋もれていた能力が発見され、引き出されるから。もう一つは、恐れ、悩み、心配といった成功の敵、効率の敵が追い払われることによって心の平和が保たれるからである。すなわち、頭のなかが成功に適した状態になる。世の中を違う角度からながめ、疑いや恐れや不確実なものではなく、目標や確固としたもの、確実なものと向き合うので、知力が集中し、磨かれ、鋭くなる。

思考と行動をさらにポジティブなものへと変えていくことである。上に立つ者がポジティブに考える人間なら、部下もそうなっていく。

8◆協同的な体制をつくる

すぐれたリーダーはチーム内の活動について逐一指示したり監督したりせず、あらゆる決定を自分一人で行なったりもしない。スタッフの協同体制を利用して、彼らが責任と説明責任を担って活動できるようにする。またそうすることで、スタッフはおたがいを共通のゴールに向かってともに働くパートナーと見るようになる。

9◆部下を理解し、成功を助ける

すぐれたリーダーは部下一人ひとりの原動力となるものを理解するのに手間ひまを惜しまない。彼らが意欲を燃やし、成功するのを手助けすることを無上の喜びとする。すぐれたリーダーは部下を人として理解しようとする。なぜそのように行動し、反応するのかを知ろうとする。部下たちの欲求と感情をつかんで、彼らのモチベーションを高めることの重要性を認識しているからである。相手に心から関心をもってやりとりをする。デール・カーネギーはこう言った。「人にこちらから興味をもてば、向こうから興味をもってもらおうとしているときに二年かかってできる友人よりも、もっと多くの友人がほんの二カ月でできてしまう」

10◆部下から信頼され、尊敬される

上司が職権を乱用して部下を従わせることはよくあるが、そういう人間は真のリーダーではない。命令すれば部下は従う。だが、それだけのことでしかない。真のリーダー

は「仲間」から信頼され、信望を集める。そこから、このリーダーについていきたいという気持ちだけでなく、自分たちなりのアイディアを考え出し、実現して、組織の目標に貢献したいという強い意欲が生まれる。

11◆自分にも部下にも説明責任を負わせる

すぐれたリーダーは成果の基準――仲間から理解され、受け入れられる基準を設定し、それを満たすことに全力を尽くす。脱線したら直ちに行動して修正する。自らの限界を認識し、必要があれば助けを求める。

12◆効率よく仕事をし、時間をムダにしない

彼らは実際的で有益なスケジュールを立てる。優先順位をつけて効率よく仕事をこなし、なるべくじゃまされたり中断させられたりしないように工夫する。

13◆新しいアイディアを恐れない

すぐれたリーダーは現状に満足しない。何か新しい工夫ができないか、つねに目を光らせている。何をどう改善したら仕事がやりやすくなるだろう、顧客の満足が持続するだろう、組織の収益が上がるだろうと考えている。新しいアイディアに対してつねに柔軟で、提案や助言を歓迎する。改革や改善を行なったあとでさえ、目標達成のためにさらにいい方法がないか探している。

14◆ビジョンがある

すぐれたリーダーは自分が何をなし遂げたいのか、その目標を達成するためにはどんなステップを踏むべきかを知っている。短期的な目標のはるか向こうをながめ、頭のなかに明確な全体像を描いている。ノートルダム大学の前学長セオドア・ヘスバーグはこう言った。「リーダーシップに不可欠なのはビジョンがあることです。そのビジョンを明瞭な力強い言葉で、あらゆる機会をとらえて伝えていくことです。頼りないラッパを吹くことはできません」

15◆実行を重視する

リーダーの資格が十分あるように見えるのに、なぜか大した成功をおさめられない人がいる。誰でもそんな上司の一人や二人は知っているだろう。彼らはどこかで道をまちがえている。

一例をあげよう。ＡＢＣ社がブライアンを地区セールスマネジャーに迎えたとき、社内の期待は大いに盛り上がった。手腕を高く買われての入社だった。選考にあたった販売部長が感心したのは、彼の完璧な市場知識と、取引を増やす斬新なアイディアと、人当たりのよさだった。ブライアンは入社後数カ月をかけて、担当する地区のために独創的でわかりやすい販売計画を練り上げた。何週間もかかって細かい手直しをし、資料を書き、図表やグラフを作成した。そうやって準備万端ととのえてのプレゼンテーションは、経営陣と販売部をうならせる出来栄えだった。しかし……そこまでだった。ブライアンは実際に指示を出したり動いたりして計画を実行に移すということがまったくできなかった。不思議に思った販売部長が以前の雇い主に問い合わせると、彼はいわゆるスタッフ部門のマーケティング担当者で、企画や調査やアドバイスなどの専門家ではあったが、実務を担当するライン部門の仕事をしたことは一度もなかったことがわかった。彼にはリーダーに欠くことのできない要素、すなわち実行力に欠けていた。

16◆簡単にはあきらめない

彼らはたとえ失敗しても人々の先頭に立ち、問題を克服して業績を挽回しようと奮闘する。そんな人物の一人がドミノ・ピザの創業者トム・モナハンだ。たった一軒のピザ店から三〇年以上もかけて数千店を擁する大宅配チェーンを育て上げたモナハンだったが、一九八九年にその会社を売却する。ところがその二年半後、売却先の会社が経営不振に陥ると、モナハンは手塩にかけたチェーンを救おうと、それを買い戻し、再びCEOとなって実権を握った。彼の力でドミノ・ピザはみごと復活を遂げ、全米に五〇〇〇店、国外に三〇〇〇店とさらに発展した。

行なう立場から率いる立場へ

リーダーや管理職に昇進する大きい理由の一つは、それまで担当してきた仕事に有能だったということだ。しかし昇進すれば仕事が変わる。これからの役目は、部下が自分と同じくらいかそれよりうまく仕事をこなせるようにすることだ。これにはまったく違うスキルが必要になる。管理職として成功するには「行なう」ことから「率いる」ことに頭を切り替え、スキルと時間の使い方をその立場にふさわしいものにしなければならない。

◆「人」と「手順」のバランスをとる

すぐれた管理者になるには「人」と「手順」のバランスをとることが重要だ。人を重視しすぎれば、要となる人物が職場を去った場合、すべてが停止してしまうかもしれない。逆に手順を重視しすぎれば、素晴らしいシステムが用意されるかもしれないが、誰もそれを理解できないとか、誰もそのなかで働きたがらないという事態が生じるかもしれない。「手順」派は「プランはこれだ、やり方はこれだ」と言い、「人」派は「これをやるプランと理由を話し合おうじゃないか」と言うだろう。このバランスが適切なときに、生産性と働く意欲の両方が最も高くなる。

◆モチベーションと説明責任のバランスをとる

モチベーションが上がらなければ、何事もなし遂げられない。だが部下に説明責任を負わせようとすると、とたんにモチベーションが下がると信じている上司がいる。これは必ずしもそうではない。目標や達成への努力に対して部下に説明責任を負わせ、同時に高いモチベーションを保たせるツールをもつことだ。このバランスをとることで、管理者は自分自身とチームのために結果を出すことがより自在になる。

だいたいに人間が好きでないというなら、その性格を改善する簡単な方法がある。人の長所を探せばいい。いくつかは必ずみつかる。

デール・カーネギー

◆コミュニケーションとコーチングで結果を出す

今日、管理職の仕事は以前にも増して人を育てることに重心が移っている。すなわち部下が結果を出し、新しいスキルを身につけ、昇進や出世のできる環境をつくることができれば、上司はその最大の使命を果たしたことになる。明瞭で行き届いたコミュニケーションや、部下をコーチし育てること、そうしたことがリーダーの最優先の仕事になる。

◆従業員と管理者はどこが違うか

管理職に昇進する大きな理由の一つは、自らの専門領域で他人よりすぐれた仕事をしてきたということだろう。しかしいまや、成功は自分一人の達成ではなく、他人を指導して成功させられるかどうかにかかっている。すなわち、一従業員から管理者へ首尾よく移行するには、新しい考え方と新しいスキルが必要なのだ。従業員とすぐれたリーダーとの違いをつぎの表にしめす。

従業員	管理者・リーダー
指導と指示を必要とする	戦略、優先順位、行動プランを決定し、より上層の管理職を支える
体制に従う	体制をつくり、方針を立てる
短期的視野に立つ	長期的視野に立つ
受け入れ、従う	課題を与え、説得し、動かす
特定の領域でスキルを発揮する	機会をとらえて各人の長所を活用する
その仕事をすることが自分にとってどういう意味をもつかを理解したい	モチベーションとエネルギーを与え、献身と信念を引き出す
リスクと対立を避け、継続を求める	リスクを負い、つねに評価し、対立と変化に対処する
分析的な意思決定をする	直感的な意思決定をする

従業員	管理者・リーダー
話を聴いてもらい理解されることを求める	話を聴き、理解に努める
いい仕事をするのに必要なものを特定する	成功に必要な指導、支援、物資を与える
目標を求める	意欲、情熱、信念とともに目標を与える
信頼、参加、責任、自律を求める	部下に情報を求め、権限を与えて仕事を代行させ、説明責任を負わせる
励ましとフィードバックを必要とする	業績について常時フィードバックを与える
評価と承認を成長の糧とする	自信を育て、評価し、栄光を分かち合う
将来の明瞭な見通しを求める	成長の機会を与える

目標を設定し、達成のプランを立てる

リーダーシップを発揮するための第一の仕事は、ゴールの設定である。優秀なナビゲーターのようにリーダーは、どんなゴールを設定すべきか、そのゴールにいつ、どうやって到達すべきかを決めなければならない。ゴールとは目的地であり、長期的な成果である。組織とその成員一人ひとりがめざすべき目標だ。

地図をもたずに旅に出るのが好きな人がいる。運と冒険を求めて流れに身を任せ、ときにはそ

の夢をかなえる人たちもいる。しかし組織の管理職やリーダーには、そんな危なっかしいことはできない。率いる人々に対して大きな責任がある。したがってどこへ行きたいのか、何をなし遂げたいのか、途中でどんな問題に遭遇する可能性があるのか、それをどうやって乗り越えるのかをきちんと知っていなければならない。

何を達成すべきかが正確にわからないと、その達成にどこまで近づいたかを測ることもできない。具体的な目標があってはじめて、進歩の度合いを測るものさしができる。

チームのために設定する目標は、組織が設定した、より大きな目標と一致するものでなければならない。チームや部署が達成しようとしている目標と、組織のそれとがうまくかみ合うように調整しないかぎり、時間もエネルギーもムダになる。

目標はモチベーションの土台でもある。奮闘すべき目標があることで、人はやる気をかき立てられる。チームのメンバーそれぞれの目標を念頭に置き、その達成を手助けすることで、彼らの働く意欲は大いに高くなる。

たいていの組織では、組織全体の大目標が経営陣によって定められ、部署やチームに伝えられる。部課長やチームリーダーはその大目標を指針として、自分たちの持ち場の目標を立てることになる。

目標設定の手順

目標設定には時間とエネルギーと努力がいる。昼休みに紙ナプキンに走り書きするようなわけにはいかない。まず自分たちが本当に達成したいことは何かを考える。そしてそれを達成するための時間割を組み立て、誰がどの仕事を担当するかを決める。また達成の妨げとなる種々の問題を予測して、解決のプランも立てなければならない。

目標は明確に表わす。その達成に取り組む全員に十分に理解されるようにする。管理職にある者は——管理のヒエラルキーのどのレベルであろうと——組織の大目標を認識しなければならないだけでなく、それに全面的に加担しなければならない。

目標設定の利点

1◈目標があると、モチベーションが上がる

目標設定には仕事をする者のモチベーションを上げる効果がある。なぜその仕事が要求されるかがわかれば作業のコツをつかみやすくなり、ただそれをやれとだけ言われたときよりも目的にかなう仕事ができる。そして役立つ仕事をしたという誇りをもてる。仕事の目的を知らないと、自分のやっていることがそれでいいのかどうかもよくわからない。

ニールは工学部の学生だが、いわゆる産学協同の教育プログラムで学んでいる。企業で研修生として三カ月間働いたら、つぎの三カ月は学校で授業を受けるというシステムだ。彼は大手プラスティック会社の研究所に配属され、試験の仕事を割り当てられた。その試験が毎日同じことのくり返しで、あまりに退屈な仕事だったために、ニールはたちまち興味を失い、作業能率も低下した。それに気づいた研究所の主任がニールを呼び、試験の工程の重要性や、その結果がどう使われるか、そしてすぐれた製品を生み出すという会社の目標に、その業務がどれだけ貢献しているかを詳しく話して聞かせた。ニールは自分が努力することの意味を理解すると、とたんに仕事に熱が入るようになり、ほどなくトップレベルの成果を上げるまでになった。

2◆目標が設定されると、プランが一貫性をもつ

一つの組織のなかで何人かがプランをつくっている場合、目標をきちんと理解することで、方向性の一致したプランが立てやすくなる。すなわちプランニングの過程にたずさわる全員が組織の大目標に目を据えることによって、各自の担当する部分が全体像に沿うものになる。

3◆目標が設定されると、マネジメントの基礎ができる

目標にもとづいて成果基準が設定され、それが実際の出来高を測るものさしになる。

目標を調整する

目標が達成不能になることがある。世間の変化もあるし、かつては実行可能と見えたことが、そうでなくなることもある。だが投げ出さなくていい。臨機応変に対応することが必要だ。状況の変化に合わせて、目標を調整すればいい。

目標を立てるときは、プロジェクトの終了までに予測される事態を必ず考慮に入れる。しかし想定外のことが起きれば、当初の目標は調整が必要になるだろう。そういうリスクを考慮して、多くの会社が三段階方式の目標設定法を使っている。

◆第一案：基本の目標。万事順調ならば、これを達成したいという当初の目標。
◆第二案：低めの目標。事情が変わって、当初の目標を達成できないことが明らかになったら、初めから目標を立て直すよりもこの第二案に移行すればいい。
◆第三案：高めの目標。当初の予測より順調にいけば、目標を達成しただけで満足せず、直ちにこの案に切り替えてさらに上をめざす。

たとえばこんな具合だ。ＰＣＸはフィラデルフィア近郊でコンピュータの点検修理などを行なっている会社だが、ある年の販売目標は新たな得意先を一〇軒開拓することだった。ところが大手のコンピュータ会社が同じ地域に代理店をオープンさせると、顧客をつぎつぎと奪われるという事態が生じ、それを防ぐことに社の総力を上げなければならなくなった。そこで得意先の開拓目標は、期間半ばで引き下げられた。

もしその年、ＰＣＸの業績が好調だったら、目標値は引き上げられていただろう。上半期にすでに八軒の顧客を獲得していたら一段高い目標をめざすことになっていた。

チームに目標を立てさせる

最近開かれた目標設定のセミナーで、ある参加者がぼやいていた。「スタッフに全体像をつかんで仕事をしてもらうのはとても難しい。みんな目先のことに手いっぱいで、自分の問題しか頭にないからね」。こういう状況を克服するには、つぎのようにするといい。

◆部やチームの全員をプランニングの初めの段階から参加させる。
◆プラン全体の要点をみんなで話し合う。
◆各個人がプランに対してどういう役割をもっているかをそれぞれにたずねる。

◆プランの各部分について、それぞれに発言の機会を与える。

長期的な大目標を小さく分割すると、それぞれが自分の役割を理解できるし、自分の役割が他の部分とどうつながっているのかもわかりやすくなる。またチームやプロジェクトの最終的な目標をどう設定したらいいかもわかる。

リーダーや管理者は、チームのメンバー一人ひとりの目標を十分に把握する。もし誰かの目標が会社や部やプロジェクトの目標からずれているときは、大目標の達成に能力を使ってこそ、彼ら自身の期待も満たされる可能性が高くなることを説明する。

プランニングの手順

チームがプロジェクトや仕事のプランを立てるときは、関係するメンバー全員を参加させる。監督者やチームリーダーは調整役、進行役になる。プランニングの各部分をその方面に最も知識のあるメンバーに割り当て、全体の調整をはかり、プロジェクト全体に大きく影響する決定を行なう。

プランニングは組織の目標と結びついていなければならない。目標と密着していないかぎり役立つプランにはならない。目標が定まったら、そのプランを通して克服すべき問題を明確にする。

プランニングにあたる全員が、問題を同じように理解していることが大切である。たとえばプラン全体の目的が売上げを増やすことにあるとき、ある人は目下の問題をセールステクニックの改善と考え、ある人は価格設定が問題だと考えていたら、どんな解決にも至らない。プランニングにあたる全員が状況を明確に理解できるようにするには、つぎの質問が役立つ。

◈やるべきことは何か?

それは効率の悪い点を直すことか、不測の事態に備えることか、手法の変更か、それとも何か他のことか。

◈なぜやるべきなのか?

もしやらないと、どうなるか。その措置は目下の問題の解決に、あるいは先行きへの備えに肝要なものか。その措置は全社的な目標にどう影響するか。

◈いつやるか?

緊急にやるのか、でなければ、どんなスケジュールでやるのか。

◈どこでやるか?

プランとその実行に使える設備があるか。

◈誰がプランニングを担当するか?

あらためてプランニンググループをつくるのか、それとも現にその業務を行ない、新しいプランも実行することになるメンバーに割り当てるのか。

◆どのようにやり遂げるのか？

どういうかたちでプランを立て、実行に移すのか。

成功する人々は失敗から学び、前とは違う方法でもう一度やってみようとする。

デール・カーネギー

会社のバイブル「SOP」を作成する

SOPと呼ばれる「標準作業手順書（Standard Operating Procedure）」の作成は、プランニングの代表例といっていい。SOPは、業務にあたるときの組織のプランと方針を詳しく説明したものである。日常的な業務の方針と手順を明記することにより、いちいちプランを立てる必要がなくなる。誰もが従うべき標準がしめされるので、全従業員がいつでも参照し、頼りにすることができる。したがって誰もが同じように状況に対処できる。

SOPを作成するときは、シンプルにすることを心がける。往々にして複雑すぎるものになるのは、作成する管理者が、何が起きても対応できるものにしたいと思うからだが、それは無理というものだ。

管理者はさまざまな不測の事態に対してたびたび決断を迫られる。SOPは日常的な事柄に対しては細かい点まで対応できるものでなければならないが、場合によっては管理者が（ときには管理者でなくても）その場で判断を下せるだけの余地がなければならない。

またSOPは調整可能でなければならない。状況が変わっても変えられないほど厳密にしないことだ。新しいテクノロジーが出現したり、商売敵が現われたり、法的な規制が変わったり、あるいはもっと能率のいい手法が開発されたりして、内容が時代遅れになるかもしれない。SOPには定期的に見直しや調整を行なう方針も盛り込むといい。

あらゆるプランをSOPに入れる必要はない。特殊な目的のためのプランは、ときには何カ月も何年もつづくプロジェクトに利用されることもあるが、一回きりのことも多い。

SOPはプランニングの一部にすぎない。すでに述べたように、SOPは大まかな方針をしめすだけのほうがいい。新しいプロジェクトがもち上がったときは、それ専用の具体的なプランを立てればいい。

使い勝手のよいSOPを作成するには、つぎのポイントに注意する。

◆作業にたずさわる各人に期待される行動を明確に述べる。

◆逸脱が許されるのはどこか、許されないのはどこかを明記する。
◆いったん作成したら試験的に使い、手直しして最終的なかたちにする。

目標の達成を確実にする

どれほどうまくプランを立てても、スタッフや他の管理者から問題がもたらされることがある。チームの業績も管理者としての業績も、そういう状況をどう防ぐかにかかっている。公平さ、一貫性、そして強い説得力がここぞというときに、これぞというかたちで発揮されることがリーダーには求められる。それなしには職場全体の士気が落ち、生産性、顧客の忠誠心、従業員の忠誠心に影響が出る。いずれも今日のような競争の激しいビジネス環境では無視できないことだ。


1◆目標をすべて明確にし、関係者全員に確実に伝える。また目標は理解されるだけでなく、受け入れられなければならない。

2◆達成すべき成果を明確にしめす。その方法については第5章で述べる。

3◆深刻な問題が起きてプロジェクトが大幅に変更されないかぎり、目標や基準値は修正しない。

4◆すべての関係者が確実に目標と基準を受け入れ、当事者意識をもつようにする。

5◆進歩のものさしとなるものを定める。成果を測定、監視、伝達する方法を決める。
6◆スタッフに質問を奨励して、達成の障害になるものを見つける。
7◆タイムスケジュールをつくり、守る。
8◆スタッフをコーチする。フィードバックのテクニックをもたせる。
9◆スタッフのモチベーションの低下や「燃え尽き」に気づき、克服の措置をとる。
10◆達成に対する適切な報奨制度をつくる。

まとめ

◆成功するリーダーの一六の特性
・健全な価値観と高い倫理観
・手本をしめして人を率い、誠実に行動する
・組織の目標を深く認識し、変化に敏感である
・現状に甘んじず、つねに上をめざす
・すぐれた聴き手である

・窮地におちいっても感情を抑制できる
・ポジティブな姿勢
・協同的な体制をつくる
・部下を理解し、成功を助ける
・部下から信頼され、尊敬される
・自分にも部下にも説明責任を負わせる
・効率よく仕事をし、時間をムダにしない
・新しいアイディアを恐れない
・ビジョンがある
・実行を重視する
・簡単にはあきらめない

◆従業員と管理者の違いを認識する。「行なう立場」から「率いる立場」になったことに頭を切り替える。

◆リーダーの第一の仕事はチームの目標を設定することにある。チームの目標は組織の目標と一致するものでなければならない。

◆目標が設定されると、部下のモチベーションが上がり、プランニングに一貫性が生まれ、マネジメントの基礎ができる。

◆目標は不測の事態に対応できるものにする。状況に合わせて調整するようにして、確実な達成をめざす。

◆目標設定やプランニングには、チームの全員を参加させる。プランニングをする全員が目標の内容や克服すべき問題を明確に理解できるようにする。

第3章 部下をやる気にさせる

出勤してくるスタッフを見て、こんな疑問が頭に浮かんだことはないだろうか。「彼らはここで働くことに満足しているのだろうか？　どこか別の会社へ行きたいと思っていないだろうか」。従業員を職場につなぎとめているものは、給料やボーナスや福利厚生だけではない。そういったものも大切だが、ほとんどの会社はある程度の給料を出しているし、福利厚生も似たようなものだ。彼らには、それ以外の理由があるはずだ。心理学者によれば、従業員の働く意欲を支える基本的な要素が、その人と職場との関係のなかに五つある。

部下が職場に求める五つの要素

1◆一人の人間として承認される

部下は一人ひとり違う人間だ。上司とも違うし、同僚とも違う。そして誰もが上司からその違いを認めてもらい、「その他大勢」ではなく、特別な一人としてあつかってもらいたいと思っている。上司は部下の話に耳を傾け、観察し、一人ひとりの違いを知らなければならない。長所短所、好き嫌い、どう行動し、どう反応するかを知って、それぞれの個性に合わせて対応する必要がある。

そういう違いに注目すると、誰でも仕事や職場に対して一つや二つは特定の要求があることがわかるだろう。たとえばジョーは、つねに安全第一の人間だ。失敗するような、あるいは立場を危険にさらすようなリスクは絶対に負おうとしない。一方ベティは、とびきりの野心家で、出世の階段をできるだけ速やかに昇りたいと思っている。サムとリルはつねに上司に見守ってもらい、力づけてもらいたいタイプだが、カレンは新しいやり方をどんどん試したくて仕方がないタイプだ。スタッフのこうした違いを念頭に置くことによって、最も効率的な働かせ方ができるし、彼らのほうも上司から最も得たいものを得ることができる。

2◈仕事にプライドがもてる

管理職についた者は、たいてい自分の仕事にプライドをもっている。たいていは努力してその地位を築いてきたし、重要な業績も上げてきた。いまや自分は会社の大事な財産だという自覚もあるはずだ。こういうプライドをすべての部下にもたせることができれば、士気も業績も必ず上がるだろう。

新人を採用したら、まず入念にオリエンテーションを行なって、その職場が何を行ない、それが会社全体の業務とどうつながっているかを理解させよう。彼らの仕事の一つひとつが部の仕事にどう役立ち、会社がその使命を果たすのにどう貢献しているかも説明する。

ときおり感謝の言葉やほめ言葉をかけることも忘れてはならない。デール・カーネギーは「心からうなずき、惜しみない拍手を送る」ことの大切さを語った。自分の仕事がきちんと評価されているという自覚がプライドを育て、保たせる。

3◈帰属感がある

団結を誇りにする会社は多い。チームが一丸となることは成功に不可欠だ。そういうチーム精神は直接的には職場へのプライドから生じるが、それだけが源ではない。私たちは自分自身より大きいもの、つまりチームや社交クラブや軍隊や会社などの一員だと感じるのが好きなのだ。人は自分を集団の、とくに繁栄する有力な集団の一部とみなすと、より幸福に、より協力的に、より生産的になる。「誇り高き少数精鋭」をうたうアメリカ海兵隊に一度入隊した人間は、除隊して何年経っても、かつてそこに所属したことを自慢するものだ。ＩＢＭやソニーやトヨタなどの大企業の社員は、人にそのことを告げるたびに誇らしく思うだろう。

スタッフにこういう帰属感をもたせるにはどうするか。すぐれた上司は明確な目標を掲げたら、それをどうやって達成するかを部下と一緒に決めていくことでチーム精神を育てている。部下は自分の仕事を左右する大事な決定に参加することで、自分は職場の重要な存在だと感じ、より献身的になる。仕事に情熱がわき、全力を尽くそうという気持ちになる。

燃えるような熱意は、良識と忍耐という支えがあれば、最も成功を招きやすい性質だ。

デール・カーネギー

4◆公平にあつかわれる

組織では方針と手順が確立され、従業員に明確に伝えられ、一貫性をもって管理されなければならない。シンディとサンディはどちらも遅刻癖があった。上司はシンディのほうがサンディよりも好きだった。遅刻したとき、シンディはわきへ呼ばれてちょっと叱られただけだったが、サンディのほうは懲戒処分になった。これに腹を立てたのはサンディだけではなかった。同じ職場の他のスタッフもこれは不公平だと思った。同じ違反をした部下は、同じあつかいを受けなければならない。

人は自分の利益が危険にさらされると、理性ではなく感情で反応する。公平にあつかわれたいという欲求は、人間の感情構造の深いところに根ざしている。えこひいきは他の何よりも士気をくじくものなのだ。当事者以外のスタッフにも自分の努力や値打ちが認められないのではないかという心配を抱かせ、職場に対する安心感が失われる。

5◆発言の機会がある

ビリーはある上司のことが忘れられない。「あるとき、私は素晴らしいことを思いつきました。作業が何倍も能率的になる方法です。わくわくしながら上司に話しにいきました。だが、聞いてさえもらえなかった。『会社はきみらの頭じゃなくて体に金を払っているんだ、早く機械の前に戻れ』と言われました。その後一度もその職場で提案したことはありません」

現場で働く人々は、自分たちの作業についてじつに多くのことを知っており、すぐれた提案ができることが多い。人は誰でも思いがけないほど創造的なのだ。スタッフに提案を奨励し、積極的に募ることである。どの提案も真剣に取り上げる。もしそれが受け入れられないものなら、理由を説明すればいい。だが決して無視してはいけない。

スタッフが上司と気軽に話し合えるようにしよう。部下とのあいだに見えないバリアをつくり、なんとなく近寄りがたい感じのする上司もいる。自分では気づいていないかもしれないが、話をしにくる部下がめったにいないというなら、それは相談するような問題がないという意味ではない。おそらく話しかけにくいだけだろう。

何がスタッフをやる気にするか

従業員が職場に求めるものを、べつの角度から見てみよう。

◆◆◆承認と評価

すでに述べたように「承認」は決定的な要素である。米国人材マネジメント協会（ＳＨＲＭ）の報告もそれを裏づけている。四〇〇社を対象としたギャラップ世論調査にもとづくその報告によれば、従業員が職場にとどまるかどうかの決め手になるのは、給料や他の特典よりも、直属の上司との人間関係である。上司が公平で、コーチングやメンター制度などを通して啓発的な指導力をもつときは、部下は離職しなかった。ギャラップの他の調査でも、従業員の満足度と生産性を支えるのは、上司が自分たちを大事にしてくれるという彼ら自身の信念であることがしめされた。

金銭よりも、他のかたちの褒美のほうがずっと励みになるという人は多い。人材確保・定着対策本部（Employee Retention Headquarters）の研究でも、従業員の幸福感を維持するものは「金銭」ではなく「評価」と「やりがい」だとされた。その研究によれば、従業員が必要としているのは、自分たちの仕事が管理者側に尊重されていること、組織の成功にとって自分たちが大事な存在だということを言葉でも言葉以外のものでもしめされることである。彼らは達成と勝利を、公然とでも内密にでも、直ちに心から祝ってもらうことを何より望んでいる。

◆満足できるおもしろい仕事

米国人材開発機構（ＡＳＴＤ）は、今日の大半の労働者にとっては給料や昇進よりも、刺激的で価値ある仕事ができるほうが重要だということを報告している。やる気や情熱は、お金では買えないというわけだ。部下が仕事に主体的にかかわることを奨励し、企画に早い段階から参加させている上司は、より創造的なアイディアを手に入れるだけでなく、部下の熱意とプライドも育てている。また従業員が広範な問題の意思決定に活発に参加できる職場には、働きやすくて定着率のいい環境が形成されやすい。

◆昇進の道、成長の機会

人間としても職業的にも成長できる機会を与えられると、従業員はよそ見をしなくなる。新しいスキルを獲得する訓練や、昇進に備えた人材育成の教育を受ける機会を与えるのは、従業員への投資を惜しまないという経営姿勢の表われである。これは従業員の定着にとって決定的に重要なことだ。会社が入会金を負担したり、昼食会や会議への参加費や休みを与えたりして専門家組織への参加を奨励することもモチベーションを高める。また定着率の高い会社は、管理職に社外から人を招くのではなく、社内から登用するのを習慣にしている。昇進の道が開かれていれば、従業員は安心して仕事に身を捧げることができるし、組織の目標と方向性も受容されやすい。

◆バランスのとれた生活が尊重される

ワーク・ライフ・バランス、すなわち仕事と私生活のバランスをとることを奨励している会社は、社員は職場で食べて職場で寝ればいいと信じている会社にくらべて、定着率が高い。私生活の重要性が認識され尊重されることで、「燃え尽き」などの問題が防止されるし、会社への忠誠心が高まる。

人材マネジメント協会（SHRM）によれば、雇い主はワーク・ライフ・バランスの問題をもっと認識しなければならない。共働き家庭や子育て、親の介護の問題などについての意識を高め、就業時間を調整できるようにするといった便宜をはかることに、企業はもっと積極的になる必要がある。

◆◆◆高い水準の給与、福利厚生

お金は重要だ。だが思うほど重要ではないかもしれない。今日の従業員は、他社とくらべて遜色のない給料はもらいたいと思っている。健康保険や退職金といった世間並みの恩恵も受ける権利があると思っている。しかしある調査では、個人的・職業的教育訓練を受けている場合は、たとえ年収が一万ドル増えるとしても勤め先を変える気にはならないと回答者の九二パーセントが答えている。

> **人にどんなことでもさせられる方法がこの世に一つだけある。それは自分からそれをやりたいと思わせることだ。**
>
> デール・カーネギー

最高の力を引き出す

管理職やリーダーの第一の仕事は、部下の一人ひとりのスキルと能力を伸ばし、最高の力を発揮させることである。そのための最良の方法は、部下を一人の人間として知ることだ。

部下について上司が知るべきことは、仕事がどれだけできるかだけだと思っているかもしれないが、それは大きなまちがいだ。チームのメンバーを知るということは、たんに仕事のスキルを知ることではない。仕事のスキルはもちろん大事だが、それはその人のほんの一部でしかない。その人にとって重要なことを上司は知る必要がある。目標、野心、家族、関心事——すなわちその人を「動かしているもの」だ。

人には誰でも仕事のしかたや暮らし方に、その人なりのやり方がある。つまり、「流儀」である。スタッフ一人ひとりの仕事のしかたやふるまいを観察すると、それぞれの流儀の違いが見えてくる。たとえばある部下は、いつもじっくり考えてからでないと発言しないし、べつの一人は、仕上げた仕事を何度も調べ直して安心しないかぎり、つぎの仕事に取りかかれない。こうした仕事のスタイルに気づくことも、その人を理解するのに役立つし、一緒に仕事をするのがらくになり、効率的になる。

観察すること、そして話に耳を傾けること——ただそれだけのことで、仲間についてとても多くのことがわかる。彼らの話すことをしっかり聴く。言葉にされたことも、されなかったことも聴きとる。他人と話しているときにも耳を澄ます。盗み聞きは失礼かもしれないが、そこからひじょうに多くのことがわかるものだ。彼らがどんなふうに仕事をするか、どう行動し、どう反応するかも観察する。好き嫌いや、変わった癖や、ユニークなところを知るのに時間はかからない。人の話に耳を傾ければ、それぞれの大事なものがわかる。そして彼らをオンにしたりオフにしたりする決定的な要因「ホット・ボタン」がわかる。

スタッフ一人ひとりに最高の力を出させるには、彼らを一人の人間として理解し、個人としての彼らと向き合う。そして彼らがいままでやったことがないほどいい仕事をしようと決意し、達成するのを手助けすることである。

「人」を活かす

これまで何度も述べてきたように、人間は一人ひとりみな違う。管理者はそれぞれに合った対応をしなければならず、全員に同じことを同じようにやらせようとしてはならないことを認識するべきだ。部下の一人ひとりを活かし、よりよい業績を導き出すヒントを「ＰＥＯＰＬＥ（人）」から取り出してみよう。

◆P：Personality――性格に合わせる

性格は一人ひとり違う。上司は部下がどう行動し、どう反応するか、何が彼らをオンにしたりオフにしたりするか、本当の関心事は何なのかを、そのために時間をつくってでも理解する必要がある。上司がおかす大きな誤りは、全員を同じようにあつかおうとすることだ。部下のなかにはいつも上司に見守ってもらいたい者もいるし、上司の目を詮索がましいとか、ばかにされているようだと感じる者もいる。絶えずほめたり元気づけたりしなければならない部下もいれば、ごくたまに背中を叩いてやればいい者もいる。

◆E：Exception──非凡なところに着目する

それぞれのとくに際立ったところに目をつける。たとえばローリーはとても創造的な人間で、余暇には絵を描き、彫刻をつくり、詩をしたためる。そういう才能を仕事に活かすにはどうするか？　他人にはない発想を期待して、難しいプロジェクトに取り組ませるのもいいし、問題の解決に役立つようなアイディアや提案を求めるのもいい。

一方、ゲーリーは完全主義者だ。仕事は遅いかもしれないが、つねに完璧に仕上げてくる。彼のような人間には、仕事の質が何よりも優先される任務を割り当てることによって、その能力を最も活かすことができる。

◆O：Opportunity──機会を与える

クローデットの仕事は本来的に退屈なものだった。だが上司は、彼女がとても向上心のある人間だということを知っていたので、その仕事がいずれもっとやりがいのある仕事につながることがわかれば、退屈な仕事でも精いっぱいやってくれるだろうと考えた。そこでその職場の他の仕事について学ぶ機会をもたせたところ、彼女はもっと勉強して昇進に備えたいと思うようになり、学習と成長をめざして何事にも意欲的に取り組むようになった。

励みになるのは昇進の可能性だけではない。管理職や人を監督する職責につくことを望まず、専門分野を極めるとか、興味のある仕事につきたいと考える人もいる。デーヴィッドは社交家を自認し、とても交際上手だったが、会計士という仕事柄、いつも一人で働いていている。上司はそんな彼に、部内の種々の業務処理を新人に訓練したり、会議を取り仕切る機会をときどきもたせるようにした。すると会社の仕事全般に対する意気込みがずいぶんと変わり、本来の業務の成績も向上した。

◆P：Participation――参加を促す

管理職よりも現場で仕事をしている人たちのほうが、どういうやり方をするべきかをよく知っていることが多い。新しい手法を開発するときや、プロジェクトのプランを立てるときは、実際にその仕事をすることになる人たちを決定に参加させるといい。

部長のキャシーは、あるプロジェクトのプランの立て方をよく知っているつもりだった。なぜなら何年もやってきた仕事だったからだ。しかし自分一人でプランを立てて、スタッフにその通りにやらせるという習慣を今回はちょっとやめてみて、プランニングの初期の段階からスタッフを参加させることにした。すると彼らは、キャシーにはとうてい思いつかなかった素晴らしいアイディアを出してきただけでなく、これは自分たちの企画だという思いを強くもち、必ず成功させたいという強い意気込みで仕事に取り組んだのだった。

◆L：Leadership──指導者になる

部下のために目標を立て、どうやって達成するかを教えるのがいいリーダーではない。すぐれたリーダーは部下を指導して自分で目標を立てさせ、達成に必要なツールを与える。

フレッドは頭のいい優秀な従業員だったが、上司のポールは彼にはまだ埋もれた能力があると感じていた。フレッドはどんなプロジェクトでも自主的に事を進めることができず、いちいちポールに指示をもらいにくる。ポールはこれを克服させたいと思い、手始めに小さい企画を与え、一人で責任をもって仕上げるようにと言い渡した。その後だんだんに複雑な仕事を割り当てていったところ、フレッドはしだいに自信をつけ、やがて本当の意味で仕事のできる人間へと成長した。

◆E：Expectation──期待をかける

部下に高い期待をかけていることを伝えよう。月並みな仕事で満足してはいけない。部下が最低の水準を満たしただけで喜んでいる上司が多すぎる。儲かっているときならいいが、会社が生き残りをかけて闘わなければならないようなときは、ただ標準を満たすだけではいけない。彼らを励まして、もっとがんばらせることだ。

目標達成に褒美を出すのは効果的なことが多い。化粧品会社の最大手メアリーケイ化粧品の創業者メアリー・ケイ・アッシュは、成功の秘訣をたずねられ、社員にどんどん高い期待をかけるようにしたことと、目標が達成されたときには盛大に褒美を与えてそれに報いたことだと答えている。人は成績を伸ばしつづけることを上司や家族、そして誰よりも自分自身から期待されると、真の優等生にならずにはいられないのである。

このように部下の一人ひとりを理解して、彼らと向き合い、それぞれの人柄や長所を活かすことができれば、職場の効率も組織全体の業績も必ず向上する。

お金はやる気のもと?

A：幸せになるにはお金が必要だ。
B：せっせと働けば、お金が手に入る。
C：したがって、お金を手に入れて幸せになるために人はせっせと働く。

この論理は正しいか？　AとBがどちらも真実とすれば、Cも真実になるはずだが、さてどうだろう。真実のこともあれば、そうでないことも多い。

論理的にはお金が人をせっせと働かせるように見えるが、必ずしもそうでない理由をここで考えてみたい。

「満足させるもの」と「やる気にさせるもの」

アメリカの行動心理学者フレデリック・ハーズバーグの研究チームが、人が仕事に求めるものは何かを調べ、回答を二種類に分けた。「人を満足させるもの（サティスファイアー）」と「人をやる気にさせるもの（モチベーター）」だ。

「満足させるもの」は維持因子とも呼ばれ、人に一定限度の努力をさせる因子だ。労働環境、給与、福利厚生といったものがこれにあたる。人はこれらにひとたび満足してしまえば、同じ因子をさらに与えても、もっと働こうという気にはならない。つまりたいていの人が「もっと与えれば、もっとやる気になる」と考えているものの多くは、実際には「満足させるまで」のものだったことになる。

「やる気にさせるもの」は人を刺激して、仕事にエネルギーや努力や情熱をどんどん注がせる因子。すなわち真に人を動かすものである。

これらの因子が職場でどう働くかを見るために、私たちが劣悪な労働環境にあると仮定してみよう。暗くて、換気が悪くて、狭い仕事場だ。当然ながら生産性は低い。やがて何カ月かして会社が新しい地区に移転した。こんどの職場は明るくてエアコンがよく利いて広々としている。生産性はいっきに上がり、社長は大喜び。役員会議でこう宣言する。「私は生産性を上げるコツをつかんだ。労働環境をよくすれば、働く意欲が向上する。だからもっといい環境をつくる!」。インテリアデザイナーが呼ばれ、床にはカーペット、壁には絵が飾られた。植物があちらこちらに配置され、従業員はうっとりした。こんなすてきなところで働けるなんて夢のようだと。しかし生産性は――まったく上がらなかった。

なぜか？　人は仕事にあるレベルの満足を求める。このケースでは、「まあまあ快適な」労働環境というのがそれだった。労働環境が受け入れ可能なものとなった時点で従業員は満足し、それが生産性に表われた。しかし環境が満足できるレベルに達してからは、もっとよくしても、それ以上モチベーションを高めることにはならなかったというわけだ。

お金も労働環境と同様、「満足させるもの」でしかない。もっと多くのお金を出せば、生産性はもっと上がると考えられることが多い。たいていの人については、その考えは正しいかもしれない。しかし誰にでも通用するわけではない。たとえば奨励金制度《インセンティブ》というものがある。成果が上がったときに報奨金を与えたり賞与を増額したりして、従業員を「やる気にさせる」仕組みとして、多くの会社が報酬プランに組み込んでいるが、これが利く人と利かない人がいる。

営業部門がいい例だ。セールスパーソンはたいてい歩合制、すなわち奨励金制で働いている。彼らは上司に昇給を頼んだことのないうらやましい身分だ。もっとお金がほしければ、もう少し頭か足を使うだけで好きなだけ稼げる。したがってセールスパーソンは全員金持ちのはずなのだが、決してそういうわけではない。

なぜこの理屈が通用しないのか？　営業部長は太古の昔からこの問題を嘆いている。「うちの社には手厚い奨励金制度があって、営業部員にとっては目の前にお金がぶら下がっているようなものだ。ちょっと手を伸ばせば取れるのに、彼らはそうしない。どうしてだろう？」

その答えは、人の心理の奥底にある。私たちは意識的にも無意識にも、自分が満足できる給料のレベルをひそかに決めている。そこに到達するまでは、お金はモチベーションの源になる。しかし、そこまでなのだ。その満足できるレベルは、人によって大きく違う。

このレベルをとても高いところに設定している人もいる。そういう人にとっては、お金は大きなやる気のもとだ。低いレベルで満足してしまう人もいる。これは彼らが毎年の昇給やボーナスをほしがらないという意味ではなく、余分のお金を手に入れるのに特別の努力が必要だったり、不都合に耐えたりしなければならないなら、そのお金のことは忘れられるということだ。

たとえばデレクという人間が私たちの生産グループにいる。彼の給料は同僚の六割だとしよう。妻も働いているが、仕事柄、高給取りでないのは明らかだ。デレクは古い中古車に乗り、衣類は古着屋で買っている。ときどき家族でキャンプ旅行に出かけるのが、彼の唯一の休暇の過ごし方だ。そんな彼を気の毒に思っていると、いい話が舞い込んだ。向こう六週間の土曜日に、臨時のプロジェクトに何人かの人手が必要になり、それには二倍の日当が出るという。デレクにこれを引き受ける気はないかとたずねると、彼は嫌だと答える。周囲は首をかしげた。彼はさぞお金がほしいだろうと思っていたからだ。しかしどうやら彼はすでに現状で満足なレベルに達していたようだ。彼にとっては余分のお金を稼ぐより、土曜日の休日を家族と過ごすほうが大切だったのだ。

この例は、お金がモチベーションを高めるものにはまったくならないという意味ではない。お金が手に入ることは、その人が満足する時点までは、誰にとっても「やる気にさせるもの」になる。デレクのような人は、低いレベルで満足してしまうのだ。基本的な必要が満たされているかぎり、彼らにとってはお金よりも他のもののほうが大事になる。逆に満足のポイントがとても高い人もいて、そういう人たちはいつも精いっぱい働いて、どんどん稼ぐことになる。

従業員についてできるだけ知ろうとしていると、彼らの関心事、目標、ライフスタイルなどにくわえて満足のいく収入レベルもわかってくる。お金を稼ぐチャンスをその気のない人間に提供しても、激励の手段にはならない。彼らのモチベーションを上げるには、何か他の方法を見つけなければならない。

福利厚生

福利厚生はたいていどこの会社でも重視され、ふつう何らかのかたちの健康保険、生命保険、年金などの制度が従業員のために用意されている。じっさい福利厚生が手厚いことは、求職者が勤め口の候補をくらべるときには重要な条件の一つになる。だが、やる気を出させるものにはならない。会社がただで歯医者にかかれる制度を導入したからといって、それまでより仕事に精出すようになった人を誰か知っているだろうか?

福利厚生は「満足をもたらすもの」だ。福利厚生が手厚ければ、その会社には人が集まるし、人が辞めるのを防いでもくれるだろう。しかし経営者や管理者にしてみれば、従業員が満足しているだけでは、満足すべき状況とはいえない。問題は従業員をたきつけて、もっと高い水準に向かって奮起させ、業績を伸ばしていけるかどうかである。つぎは「人をやる気にさせるもの」について見ていきたい。

◆◆◆承認する

人は他人から認められることを心の底から求めている。私たちは自分がどういう人間か、何を求め、何を信じているかを他人に知ってもらいたくて仕方がない生き物なのだ。人を「承認」することは、相手の名前を知り、その名前を呼んだときから始まる。

同じ職場で働く人の名前はもちろん誰でも知っている。それにくわえて私たちは、社内の他部門の人々と一緒に仕事をすることも多いし、納入業者や下請け業者や顧客ともやりとりするだろう。そのすべての人に名前がある。彼らの名前をおぼえて、その名前で呼ぶ。それがその人を人として承認する第一歩だ。

名前はその人にとって、

他の何よりも心地よく聞こえる言葉であることを忘れない。

デール・カーネギー

「承認」はたんに名前を呼べばいいわけではない。ウォーレンはビルメンテナンスの会社を辞めたとき、退職者面談でその会社のいちばん気に入っていたところと嫌だったところをたずねられて、こう答えた。「給料や福利厚生には何の不満もありませんでした。でも私はここが自分の居場所だと思えなかった。自分はこの職場に必要な人間だと思ったことがないんです。いつでも取り替えの利く、機械の部品の一つとしか見られていないとずっと感じていました。ここで働いた一年間に何度か提案したり、飛び入りの企画を引き受けたいと申し出たり、仕事のしかたを自分なりに工夫しようとしたこともあります。でも上司はそういうことを一つも認めてくれませんでした。何か貢献できていたかもしれなかったのに――」

◆◆◆ 気にかける

私たちみんなに会社以外の人生があるように、部下にも私生活がある。仕事は人生の重要な一部だが、たとえば健康や家族や他の関心事など、もっと大事なものもたくさんある。管理者は、そういうものを抱えた一人の人間としての従業員に関心をもち、彼らのことを気にかけてほしい。

貯蓄貸付組合で窓口係のチーフをつとめるヴァージニアは、休暇を取ったり病気で何日も休んだりした同僚が職場に復帰すると、いつも大騒ぎで迎える。休暇はどうだったの、体調はもう大丈夫なの、と質問攻めにし、会社の最新ニュースを披露する。誰もが、この人は自分の帰りを心から待っていてくれたのだと思わずにはいられない。本当に待っていた彼女の真心が伝わってくるのだ。

ジェイコブは自分に孫ができてから、どこの家でも子供が一家の中心だということに気がついた。すると部下の子供たちにも興味がわき、ときには学芸会などの学校行事を一緒に観にいったりもするようになった。そういう行動を干渉的だとか、さしでがましいと感じる部下もいるが、ジェイコブの関心はおおむね好意的に受け取られており、チームを家族的な絆で結んでいる。

ほめる技術

あるネット上の格言集にこんな投稿があった。「いいことを二度しても何も言われないが、悪いことを一度やったらずっと言われっぱなし」

部下を決してほめない上司がいる。従業員はいい仕事をして当然なのだから、当然のことをしたからといってほめる必要はないというのがその理屈だ。ある無愛想なマネジャーはこう言った。「部下をほめたことはないね。私が黙っていれば、それでオーケーなんだとみんなわかっているからね。連中がヘマをしたときだけ何か言えばいいんだ」

人間はほめられたい生き物だ。成功や達成を人に認めてもらいたくて仕方がない。もし上司や尊敬する人からほめられれば、それは特別に大切な経験になる。

◆◆◆ほめ言葉は正直でなければならない

会議に出席するために部屋を出ていこうとしたマネジャーのキャロルが、ドアの手前で立ち止まり、振り向いてこう言った。「あなたたち、本当にいい仕事をしてくれるわね。いつも頼りにしているのよ」。そしてにっこり笑って出ていった。会議の席でキャロルは同僚たちに、別れぎわの一言がチームの士気をどれだけ高めるかを自慢した。

だが部下たちの受け取り方は違った。彼女が部屋を出ていくと、誰かがこう言った。「月に一度のリップサービスね」

キャロルが士気高揚の秘訣と決め込んでいた一言は、部下からは「心にもないお世辞」と冷笑されていた。ほめ言葉は正直な、心からの言葉でなければならない。本心かどうかはすぐ見抜かれる。

人を心からほめたいときは、ほめる理由を述べてほめるのがいい。「ジョー、きみはよくやってくれるね」とだけ言うよりも、「ジョー、あのお客さんの苦情にとてもうまく対応してくれたね。あれがプロの仕事というものだ。部のみんなのお手本だよ」と言ったほうがどれだけ効果的だろう。

◆「しかし」のかわりに「だから」を使う

部下に小言を言うときは、その前後に何かをほめることにしている上司がいる。この小言をほめ言葉でサンドイッチする方式は、小言を言われた不快感をかなり緩和して、反発を招くことが少ないやり方とされる。とはいえ、ほめられるのは嫌なことを言われるときだけということになると、そのほめ言葉は無意味になる。上司が何かをほめたら、とたんに部下はこう思うだろう。

「おっと、また小言だよ」

会話はこう展開する。「サム、きみは素晴らしく仕事が速いね。いつもほんとに助かっているよ。でもね……ミスが多すぎる」。この「でもね」が聞こえたとたん、サムは耳を閉ざす。つぎにつづくのは確実に小言だからだ。

マネジャーのバリーは、この「でもね」や「しかし」を言わない。かわりに「だから」や「そこで」を使う。つまり会話はこうなる。「サム、きみは素晴らしく仕事が速いね。いつもほんとに助かっているよ。だからもう少しミスが減ったら、ますます優秀な社員になるよ。いい方法がないか一緒に考えようじゃないか」

「だから」や「そこで」には「しかし」のような裏切りがない。部下の心にはほめられた嬉しさがそのまま残り、改善への提案に素直に耳を傾けられる。

◆◆◆ほめるべきことを選んでほめる

こんなことを言う上司がいる。「部下をほめてやりたいけれど、えこひいきしていると思われないかと思ってね」

明らかにほめるに値するなら、周囲にえこひいきと受け取られる心配はない。そのときほめられなかった人間は、自分が「まだまだ」だと知るだろう。

こうたずねるマネジャーもいる。「成績が大きく伸びた部下がいるときは、いつも成績のいい部下より、その部下のほうを盛大にほめたほうがいいんでしょうか？」

成績を伸ばした部下をほめすぎると、いつもいい仕事をしている部下が不満に思うことがある。一方、成績が伸びたことをきちんとほめなければ、その例外的な成績がいつものことになってほしいと思っていることが伝わらない。その部下に何が必要かを考えて、ほめ方に気を配る必要がある。期待される基準を達成したときは、達成したことをほめる。そして他の成績優秀者はつねにそれを達成していることを指摘し、そのことが評価されていることも告げる。これを職場の全員の前で言い、その賞賛が基準の達成に対するものであって、例外的な成績自体に対するものではないことが全員にわかるようにする。もっといい成績を上げた者は、当然、特別の評価を受けるべきである。

こんな疑問もある。「ずっとよくも悪くもない成績の部下も、ほめたほうがいいんでしょうか？」

どんな人間でもほめられることを求めている。しかし毎日決まり切ったことしかしていないのを、とりたててほめるのは誰のためにもならない。それをほめられても、向上への意欲はわかない。

部下がいい仕事をしたら、そのつどほめればいいし、出勤率がいいといったこともときにはほめればいい。しかしほめることを「日課」にしてはいけない。そうなると価値がなくなる。「今日は一四日だから、キャシーをほめる日だわ」という具合にスケジュールに組み込んだりしないように。ほめるべき状況が発生したときに、心を込めてほめることだ。

◆時間を置かず、具体的にほめる

ほめるに値することがあったら、先延ばしせずにすぐほめる。その場でほめるのが最もいい。アリスが報告書を提出したら、上司はそれを受け取りながら、締め切りより早く仕上げたことをまずほめる。そして一読してから、あらためて内容をほめる。

そして、これまでにも述べたように、その人の何をほめているのかを具体的に告げる。組織にとってどんな価値があるかを説明するのもいい。「あなたが締め切りに間に合わせてくれたから、この仕事が無事に仕上がったのよ。問題が解決して、お客様がとても喜んでくださったわ」

部下たちがずっといい仕事をしていきたいという気持ちになるようにほめよう。「この仕事は素晴らしく進展したね。わがチームの手腕は大したものだ。この調子でいけば、目標を必ず達成できると思う」というように。

◆◆◆「残るもの」で伝える

評価を言葉で伝えることはもちろん大事だ。だが文字にすると、いちだんと効果的になる。耳で聞いたほめ言葉の余韻はしだいに消えていくが、手紙やカードならほんの一言でも永遠に残る。お金も時間も大してかからない。

サンキュー・カードを書く習慣をもつといい。デラウェア州ウィルミントンのA&Gマーチャンダイジング社では、チームリーダーにサンキュー・カードを支給している。カードは二つ折りで、表には「ありがとう」の文字が印刷されている。部下の誰かをほめたいときは、カードに何が素晴らしかったのか、自分はどんなに嬉しいかを書いて手渡せばいい。もらった部下はそれを友人や家族に見せてまわり、ずっと大切にする。

賞状や記念の楯を贈るのもいい。従業員に褒美を出すときには、盛大であれささやかであれ（金一封、品物、旅行券、芝居やスポーツ観戦のチケット、その他何であれ）、それに賞状や記念の楯を添えるのは価値のあることだ。彼らはそういう記念品を仕事場や自宅の壁に掛けたり、机に飾ったりするだろう。現金はすぐなくなるし、品物は使い古して捨てられる。旅行の思い出もやがて色あせる。だが賞状や楯は、ほめられた日の晴れがましさを永遠に思い出させてくれる。

限界社員をやる気にさせる

「限界社員」とはどんな社員か？　最低ラインの成果基準にはどうにかとどいているものの、それを上回ることはほとんどない従業員のことだ。クビにするほど悪いわけではないが、一人前の仕事をしているとはとてもいえない。彼らにやる気を出させるのは管理職の大きな課題である。そもそもなぜ、こういう落第すれすれの従業員がいるのだろう？

◆採用ミス

データ入力係のデビーは限界社員の一人だ。採用条件を十分に満たしていなかったデビーが雇われたのは、データ入力係が求人難だったからだ。試用期間が終わっても、デビーは期待される成果基準にとどかなかった。それでも上司のバーバラは彼女を残すことにした。「入力係が一人もいないよりはましなわけだし、つきっきりで教えれば、なんとかなるわ」と自分の判断を正当化して。

しかしそれから半年間、どれだけコーチングやトレーニングを追加しても、デビーは最低水準にとどくかとどかないかの実績しか上げられなかった。つまりまったく適性がなかったのだ

こうした採用ミスは、生産性の低い従業員を抱えることになる最大の理由だ。採用にあたって

は、現実的な採用条件をきちんと定め、たとえネコの手も借りたいほどであっても妥協しないことが大切だ。そうしないかぎり成功率は上がらない。

しかし選考をどれだけ慎重に進めても、失敗することがある。だからこそ試用期間が重要になる。新人にはこの期間中に、期待されることと満たすべき基準を確実に理解させる。そして首尾よく基準を満たせるようにトレーニングやコーチングを行ない、十分に目を配って全力で支援する。

待つことも必要だ。生産性の上がらない理由が能力不足ではなく、理解不足のこともある。なすべきことがわからず、力が出せないだけかもしれない。見習い従業員用の訓練プログラムを作成し、具体的な達成基準と時間割を設定する。それらを新人に十分に認識させる。もし一定期間内に基準が満たされない場合は、その原因となっている問題の克服に監督者と本人が一緒に取り組む。

見習い従業員の救済には手を尽くさなければならないが、それでも最低水準にとどかないときは、その人間を残すべきではない。試用期間が終了してしまえば、解雇することはずっと難しくなる。

◆◆◆ 優秀者の挫折

入社して六年のフィルは、ずっとトップクラスの成績を維持し、上司のリルにも最高の部下の一人と思われていた。そんなフィルの成績がこの数カ月低迷している。どうも仕事に興味を失ったらしい。

フィルのような優秀な人間がそうなる理由は何か？　個人的な問題が原因のこともある。私生活と仕事は切り離せない。家庭に深刻な問題があれば、必ず仕事に影響する。

不満が原因のこともある。不満が心の奥に押し込められ、フタをされたままになるといずれ腐敗する。

上司のリルはフィルと話し合い、彼が自分で設定していた仕事上の目標を達成できなかったことを知った。仕事ぶりをつねにほめられ、人事考課でも「優」の太鼓判を押されてきたフィルだったが、現時点でついていたかった地位にはつけなかったのだ。

上司は部下が会社での将来にどんな目標をもっているかを知り、できるだけのことをしてその達成を助けなければならない。達成には何が必要かを教える。たとえば高い実績を維持することや、人間的な条件や、職場の内外で補足的な訓練を受ける必要があることなどを告げ、達成にはどれくらいの年月がかかるかも指摘する。もしもその目標を達成するのが無理なときは、どう修正したら達成できるかを両者で話し合って判断する。

◆◆◆仕事に飽きる

アンはその部門で何年も最高の成績を上げてきたが、いまはやる気がない。ずっと同じ仕事をしてきたせいで飽きてしまったのだ。理由をつけては休みをとり、出勤すれば同僚とムダ話をし、長々と休憩をとり、どうにか叱られずにすむだけの仕事しかしない。

マンネリにおちいった従業員にかつての生産性を取り戻させるには、何人かでばらばらに担当していた業務を寄せ集めて、内容の多彩な一つの職務にし、それぞれがいろいろな仕事を手がけられるようにしてもいい。

もう一つは仕事のやり方を改革することである。この場合は従業員を改革に参加させるのが効果的だ。現場の従業員は、仕事をもっとおもしろくしたり能率的にしたりするアイディアをいろいろもっていることが多い。

新たな仕事を割り当てることも倦怠感の解消になる。仕事のペースが変わるだけでも退屈していられなくなる。

◆「惰力走行」を決め込む

マイケルは勤続二二年、いまのポストについてから八年になる。職場に不満はないが、仕事の性質と会社の組織構造から考えて、もう昇進の見込みはない。もともと仕事はよくできた。だがいまは、めったなことではクビにならないと決め込んでいるので、決して力を尽くそうとはしない。定年までなんとか適当にやっていけたらいいと思っている。

ほとんどの会社がこういう「惰力走行」の社員を抱えている。すぐれた働き手で、生産性に貢献できる力がありながら、もうやるだけのことはやったと思っている。こういう社員をもう一度やる気にするにはどうするか?

アソシエイテッド・プロダクツ社では、こういうベテラン社員を新製品の試験販売に起用している。新製品ができると、全国発売に先立って主要都市で試験販売が行なわれる。そのとき専門の販売員を雇わずに、ベテラン社員にその仕事を割り当てる。社の命運のかかった重要な仕事を任せることは先輩に敬意を表することにもなるし、任されたほうはいままでやったことがない目新しいことができる。この体験が刺激となり、ふだんの仕事に戻っても新鮮な気持ちで取り組める。

ベテラン社員を新人のトレーナーやメンターにしている会社もある。教育する立場につくことで、仕事と会社への愛着や献身的な態度がよみがえり、限界社員が生産的な社員に変身することがある。

仕事をおもしろくする

「うちのスタッフはやる気がないのばっかりでね。私が尻を叩かなかったら何一つ仕上がらないんだよ」とマネジャーのアルがため息をつく。「私のところは違いますよ」と同僚のカールが自慢げに答えた。「うちのチームは、仕事のためならいつでも何でもやる気でいます」

この二人のチームが仕事に対して正反対の態度なのはなぜだろう? カールのチームはアルのチームより、なぜモチベーションが高いのか。管理スタイルのせいか、それとも仕事自体が違うからか。

行動科学者の考えはほぼ一致している。スタッフのモチベーションは上司の公平なあつかいをはじめ、承認する、評価する、課題を与えるといったことでも高くなるが、最大の要因はなんといっても仕事そのものなのだ。アルの部下が、仕事が退屈でやりがいがないと思っていたら、アルがどれほど優秀な上司でも、部下をやる気にさせるのは難しい。一方、カールの部下たちが朝はわれ先に出社し、夕方は誰も帰りたがらないというほど仕事を楽しんでいたら、カールが何もしなくてもモチベーションは高い。

◆◆◆やりがいのある仕事にする

残念ながら仕事のなかには判で押したようなルーティンワークがある。そういう仕事に情熱を傾けるのは、不可能とは言わずとも難しい。この状態を解消する一つの方法は、仕事をもっと内容のある、やりがいのあるものにすることだ。

プルーデンスが損害保険会社の請求処理部部長として採用されたとき、そこはやる気のない職場だった。離職率は高いし、欠勤は多い。スタッフはみんな機嫌が悪い。支払い請求書の処理業務は流れ作業だった。一人が請求書類のある一箇所をチェックしたら、つぎの人に送る。その人もべつの一箇所だけをチェックして、つぎの人に送る。記入ミスや判断に困ることがあれば、その書類はわきへ取り出しておいて専門の職員にまわす。作業効率という点では、このやり方は素晴らしかった。だが仕事は単調で、張り合いのないものだった。

プルーデンスは組織の大改革を決意した。いままでのベルトコンベアー方式を廃止して、スタッフそれぞれが書類一式をすべてチェックし、ミスの修正や判断も自分でやることにした。そのためにはスタッフの再教育が必要だったし、初めのうちは能率も落ちた。だがそれと引きかえに得たものは大きかった。一人ひとりが関心をもって仕事に取り組むようになり、きわめて士気の高いチームが出現したのである。離職、欠勤、不平不満は大きく減り、新システムが定着するころにはスピードと正確さも向上した。

◆スタッフを決定に参加させる

仕事は「上から下」へ命令されるものではなく、管理者と従業員の相互努力によってやり遂げるものだという姿勢が生まれると、ずっとおもしろいものになるし、たずさわる人々の意欲が高まる。

生産力が数量化できる場合は、会社はたいてい従業員にノルマを設定する。販売部門にも製造部門にも事務職にも、こうしたノルマがある。

ある会社の文書処理課の課長をつとめるドゥニーズは、ダイレクトメールを大量発送する仕事のほとんどにノルマを定め、スタッフのそれぞれがどれだけ達成したかがわかるようにした。すると最も優秀なスタッフでさえ、ノルマを越えてまで働くことはめったにないことがわかった。そのとき、さらにノルマを増やそうとしたのがスタッフの反感を買い、ドゥニーズはあからさまな抵抗に遭う。

つぎの仕事のプランを立てるとき、ドゥニーズはノルマを一方的に決めるのをやめた。そしてその仕事を担当するスタッフに、内容を検討して目標値を提案してほしいと告げた。スタッフが出してきた数値は驚いたことに、ドゥニーズが考えていたものよりずっと高かった。

ノルマや目標値を出すときは、監督者とスタッフが協力して、双方が受け入れられる達成可能な数値を定めるようにする。目標の設定に参加したスタッフは、自分たちで決めたその数字を必ず達成しようという気持ちになり、はりきって仕事に取り組むだろう。

デール・カーネギーは著書『人を動かす』のなかで、のちに行動科学によって広められる考えを先取りしている。「人に押しつけられているのだとか、命令されているのだとかいう感じは、だれにしろいやなものだ。それよりも、自主的に行動しているのだという感じのほうが、はるかに好ましい。自分の希望や欲望や意見を人に聞いてもらうのはうれしいものだ」

まとめ

◆部下が職場に求める五つの要素
・一人の人間として承認される
・仕事にプライドがもてる
・帰属感がある
・公平にあつかわれる
・発言の機会がある
◆刺激的なおもしろい仕事や、昇進や成長できる機会、バランスのとれた生活、給与水準や福利厚生なども部下のモチベーションに影響する。
◆人間は一人ひとり違う。「PEOPLE」が部下の一人ひとりを活かすヒントになる。
・P：Personality——性格に合わせる
・E：Exception——非凡なところに着目する
・O：Opportunity——機会を与える

・P：Participation——参加を促す
・L：Leadership——指導者になる
・E：Expectation——期待をかける
◆「人を満足させるもの」と「人をやる気にさせるもの」の違いを考える。お金が人をやる気にさせるとは限らない。従業員の関心事や目標、ライフスタイルを考慮する。「承認」は人をやる気にさせる大きな力をもっている。
◆部下をほめるのに必要な技術
・ほめ言葉は正直でなければならない
・「しかし」のかわりに「だから」を使う
・ほめるべきことを選んでほめる
・時間を置かず、具体的にほめる
・「残るもの」で伝える
◆「限界社員」が生まれる理由と対策を考える。限界社員にはおもしろい仕事ややりがいのある仕事を与えたり、意思決定に参加させる。

第4章
スタッフを採用する

欠員の補充は、管理職にとって本来の職務の妨げとなる煩わしい仕事である。人を雇い入れるというのは時間とエネルギーを奪われる仕事で、そのあいだ通常の業務はほったらかしになり、残業をして片付けたりしなければならない。何より悪いのは、もしも選択を誤ると、あとでまた初めからやり直すはめになることだ。

ほとんどの企業では従業員の採用と選考を人事部が行なう。しかしたとえ人事部が担当しても、現場の管理者やチームリーダーは選考の過程に参加しなければならない。応募者と最終的に面談するのは必ずといっていいほどそういう立場の人間だ。なんといっても直属の上司になるわけだし、その新人の成功や失敗について責任がある。

人事部がもともとないか、本社にしかないという会社もある。その場合は支店や支部の部課長が自ら採用にあたるだろう。彼らは担当の業務についてはとても有能だ。しかしあいにくなことに、人を上手に採用するのに必要な訓練と経験はもち合わせていないのがふつうだ。結果としていろいろな失敗が起きる。最小でも時間と努力のムダ遣い。最大の場合は、失敗を運命づけられた人を採用してしまうことだ。

管理職にある者としてこの側面は軽視できない。新たに採用した部下は成功に貢献してくれるだろうか。それとも、目標へ向かう私たちの足を引っ張るのだろうか。

現実的な採用条件を設定する

ともに働く仲間となり、安心して仕事を任せられる人物を効率的に選抜するには、まず現実的な採用条件を設定することだ。担当する業務を入念に分析し、新しい従業員がどのような経歴、経験、素養の持ち主であってほしいかを拾い出して、募集要項や求人票を作成する。そこに記す要求項目の一つひとつについてこう自問してほしい――これはその仕事をこなすのに本当に必要か？

顧客サービス係を探しているジェフが、採用条件にしたことの一つは「大卒」の資格だった。これは現実的だろうか？　たしかに大学卒業者を採用できれば有利な点もある。しかし実際のところその仕事には、大学で獲得される技能が必要だろうか？　そういう学歴がなくても十分にこなせるのではないか？

なぜ「大卒」を求めるのかをたずねられ、ジェフはこう答えた。「だっていまは大学を出ても仕事のない人間が大勢いるんです。このチャンスにできるだけ優秀な人材を確保するべきでしょう」

この意見は正しいのだろうか。実際に必要とされる以上の学歴や資格を要求すると、利点よりむしろ不都合がともなう。たしかに頭がよくて創造的な人材が手に入るかもしれないが、う人たちがその仕事に張り合いを感じなかったら、おそらく学歴のない人より生産性は上がらないだろう。仕事に退屈すれば不平不満がつのる。ズル休みが増え、あっという間に辞めてしまうかもしれない。もっと重要なことは、見当外れの経歴を重視することによって、その仕事に最適な候補者を除外してしまうことだ。

経理担当のスタッフをもう一人増やすことになったリンは、簿記か経理の経験が一〇年以上ある人がほしいと人事部に伝えた。これも現実的だろうか？　なぜ一〇年以上なのかと問われてリンはこう答えた。「経験が長ければ、それだけ実力がついているわけだから、それだけ早く戦力になるわ」

経験年数と実力は、はたして正比例するだろうか？　必ずしもそうではない。その職に一〇年ついていても、じつは一年目とあまり変わっていない人がいるのを誰でも知っているだろう。その一方、ごく短期間で一人前に育つ人もいる。

年数が技能のものさしにならないと気づいたリンは、採用条件を考え直した。一〇年の経験を求めるかわりに、新しい従業員が身につけていてほしい技能をリストにし、それぞれにどれほどの力量を求めるかも特定した。面接のさいにはそれらの要素について志願者に具体的な質問をしていけば、その領域に彼らがどれだけ詳しいのか、実際に何をしてきたのかが判断できる。

これは経験年数には何の値打ちもないという意味だろうか？　そうではない。その仕事を実際にやってこなければ身につかないスキルも多い。それでもどれだけ長くやってきたかよりも、何をなし遂げてきたかに注目したほうがよりよい採用ができるだろう。

採用条件として、もう一つよく要求されるのが「この業界」での経験だ。たしかに同業の会社でしか得られないスキルや知識もあるが、他業種での経験が同じくらい貴重か、もっと貴重になることも多い。業界の慣習に染まっていない新人は、仕事に新しい風を吹き込んでくれる面もある。

求人を同業の経験者に限定すると、優秀な人材を逃すだけでなく、欠員がなかなか埋まらないかもしれない。たとえばつぎのように――。

アソシエイテッド・ヘルスエイド社の人事課長は困っていた。マーケティング担当副社長の補佐役が辞めてから半年も経つというのに、そのポストはまだ空席のままなのだ。副社長がアシスタントは保健医療分野の経験者にかぎると言い張っているのが問題で、そういう志願者はまだ一人も現われていない。なぜそういう経歴が必要なのかと副社長にたずねると、「私の補佐役は業界用語に通じていないとつとまらないから」という返事だ。業界用語を学ぶのに、たとえゼロから始めても、どれだけ時間がかかるというのだろう。せいぜい二カ月か三カ月だ。それだけの期間があれば、その「不可欠な」資格は身につけられるというのに、その会社はもう半年もその職を空いたままにしている。

採用条件を決めるときに、こうした落とし穴に落ちないようにするには、まずその職を注意深く分析することが必要だ。そしてこう自問するといい。「採用者は何ができる人物であるべきか？　それは私にはない技能で、時間を使って彼らに訓練するつもりもないことか？」。そういう要素が、その仕事につくための必要条件になる。

必要条件をすべて満たした志願者が一つのポストに大勢いるときは、どんな「優遇条件」が選抜に役立つかも考えなければならない。そういう条件を設けるさいにも現実的かどうかを考え、優秀な人材を排除しないように注意する。たとえば「大卒」を優遇条件にするのも、その学歴がその職にとって本当に重要でないかぎり賢明ではないだろう。

採用条件に必ず含めなければならないのが人柄や性格や、得意不得意、向き不向きなど、資格や経歴や数字などでは表わすことのできない要素である。その任務にぴったりの人物を雇うには、具体的な条件よりもこうした無形の要素が重要なことが多い。もちろん頭がよくて創造的で、誠実で忠実で、前向きで熱意のある人物をどこでも雇いたいだろうが、この種の要素を必要条件にするときは、その仕事と結びつくような、なるべく具体的なかたちにする。たとえばコミュニケーション・スキルが必要だというときは、どんなコミュニケーション・スキルかを特定する。対面での会話力か、大勢の前で話す能力か、電話が上手なことか、手紙やビジネス文書が書けることか、広告の文案やチラシがつくれることか、それともメールやSNSを使ったコミュニケーションに通じていることか。

「きちょうめんな人」を求めるなら、きちょうめんにやってほしい仕事の種類を例示する。「プレッシャーに強い人間」がほしいなら、どんな種類のプレッシャーかがわかるようにする。締め切りが毎日あるとか、ときどきあるとか、労働環境が厳しいとか、上司が厳しいとか。その仕事に必要な無形の要素を分析して採用条件に記すことは、必要な教育や経験やスキルを分析して明記することと同じだけ重要である。

現実的な採用条件を吟味して設定し、それらを確実に満たしている志願者を選抜する――これが最適の人物を職場に迎え、私たちの目標や目的を達成できるチームを結成する秘訣である。

候補者を選ぶ

採用条件が確定したら、つぎは候補者探しである。組織で働く人は、そのポストにぴったりの人物が組織内にいることを知っていることが多い。

社内からの昇進や異動は望ましいことで奨励されるべきである。内部からの候補者なら十分に知られた人物だ。働きぶりも、長所も短所も、変わった癖も、職場での習慣も周囲によく知られている。出欠勤のパターンや時間にきちょうめんかどうか、その他さまざまなことが長年の勤務状況から明らかだ。内部からの登用はスタッフの士気とモチベーションにも貢献する。ただし、候補者を社内の者に限定することには問題がある。今日のような競争の厳しい社会では、会社は空いたポストに対して最良の候補者を見つけなければならない。それは社員名簿にはまだ載っていない人物かもしれない。

リタイアした会長の後継者に若手社員を大抜擢したことを会社が自慢した時代があった。誰もが社内に出世の階段を求めていたころだ。大企業には素晴らしく有能な人間が大勢いて、空席はいつでも埋めることができる。もちろん優秀な人材は真剣に考慮されるべきだ。しかしながら、それでも候補者を外部に求めれば、その会社に欠けているスキルや知識や経験や「生え抜き」の人間ではもち得ない新しいアイディアがもたらされる可能性がある。

チャーリーの部に欠員が出たとき、彼はいろいろな経路から三〇通以上の履歴書を受け取った。みんな優秀そうに見える。さて、誰を面接に呼ぶか？　履歴書をふるいにかけるときは、つぎのことに注意する。

1◆採用条件をもれなく満たしているか

大事な条件を満たしていない志願者を面接に呼んで、時間をムダにしてはいけない。

2◆履歴書に脱落がないか

雇用の経歴に日付がない履歴書が多い。これは失業期間を隠すためかもしれないし、実際の経歴よりいい印象を残すためかもしれない。この問題を避けるには、志願者全員に自社の申し込み用紙を使わせる。本人に郵送し、書き込まれて返送されたものを検討してから誰を面接に呼ぶかを決めればいい。

3◆経歴に矛盾がないか

ある領域に経験があるように書かれているにもかかわらず、当人が勤務していた会社はその領域の仕事をしていなかったといった矛盾が見つかるかもしれない。

4◆進歩の形跡があるか

その志願者は、前の職場にいたあいだに昇進や昇給など、何らかのかたちの進歩があったか。

志願者の経歴と採用条件とを比較し、志願者同士を比較して最良の選択をする。そしてつぎのステップへ進もう。面接である。

人と話をするときは、じっくりと聴く。退屈そうな素振りを見せたり、「そんなことはわかっている」というような表情を、たとえちらっとでも浮かべてはいけない。

デール・カーネギー

面接のポイント

面接というせっかくの機会をムダにせず、志願者の情報をうまく引き出す方法を説明しよう。

まずはにこやかに挨拶して志願者の緊張をほぐしたら、経歴についてあたりさわりのない感想を一つ二つ述べる。そのあとあらかじめ用意した質問に移るが、初めにいくつかオープン・クエスチョン（イエス・ノーではなく自由に回答できる質問）をする。たとえば——

「前の会社ではどんなお仕事をなさっていましたか？」

「販売分析についてはどんな経験がありますか？」

「直近のお仕事について話してください」

この答えにもとづいて経歴の重要な側面に焦点をしぼり、これまでに何を行ない、どんな業績を上げてきたかがわかるような具体的な質問をしていく。

メイは直近の仕事についてたずねられ、新製品の需要を調べるマーケティング調査をしていたと答えた。彼女が実際にしていたことを詳しく知るには、たとえばつぎのように質問する。

「必要なデータをどうやって集めたのですか？」

「参加者の協力を得るのが難しかったのはどんなときですか？」

「その問題をどうやって解決しましたか？」

「結果はどうなりましか?」

「分析の手順を説明してください」

「その仕事でいちばん難しかったのはどんなところですか?」

相手の話をただ聴くだけでなく、仕事の特定の側面について質問していけば、志願者の実際の経験がはっきりと見えてくる。そうでないと——採用面接ではありがちなことだが——漠然とした印象を得るだけになり、本当の業績がよくわからないままになる。

◆人間性を評価する

人を採用するときは仕事のスキルだけでなく、その人の人柄も採用することになる。容姿や態度物腰にすぐれ、話も上手とくれば、その第一印象だけで評価が決まってしまうかもしれない。しかし志願者の真の人間性を判断するには、そういう表の顔の下までのぞく必要がある。

本当の人間性を知るのにしばしば役立つのが、こんなときはどうしたか、どうするかというような状況を設定した質問をすることである。以前に難しい問題に出遭ったときに、それにどう対処したかをたずねてもいいし、架空の状況を設定して、どうするかを聞いてもいい。たとえばこんなふうに——。

「取引先の担当者が電話でカンカンに怒っています。納品されるはずの部品がまだ着かないので、商品の生産が納期に間に合わないそうです。こんな状況にどう対応しますか」。この質問に志願者がどう答えるかで、彼らの道徳性（ウソをついたりしないか）、如才なさ（事態をまるく収められるか）、心構え（会社に対して忠誠心があるか）などが判断できる。

◆◆◆面接者がおちいる一〇の落とし穴

面接は採用か不採用かを決める重要な手段であり、その判断に必要な情報と印象がきちんと得られなければならない。つぎにあげるのは面接者がおちいりやすい落とし穴である。

1◆質問が順序立てられていない

グッディ社の面接から戻ったビルは、その面接を担当した主任会計士が応募者である自分のことをほとんど何もわからなかったにちがいないと思った。「話題があっちこっちへ飛びました。学歴について話していると、ふいにいままでの仕事についてたずねられ、すぐにまた学校のことになり、仕事に対する姿勢とか、目標は何かと聞かれたりして、最後はまた職歴について質問されました」

ただの雑談にすぎないような面接が多すぎる。面接を役立つものにするには、いきあたりばったりではなく、大事なことがもれなくわかるように順序立てて質問していく必要がある。質問が構造化され、ほしい情報がすべて得られるようになっていれば、どこから始めてもかまわない。教育からでも、最初の職でも、最後の職でも、仕事上の目標からでもいい。ただし相手の答えによっては質問を追加したり変えたりする必要が生じる。そのときは質問を調整し、興味を引くところを探ればいい。

2◆違う仕事のための面接になっている

面接の担当者が採用条件や求人内容を十分に認識していないことがある。たとえば職務分析者の求人に応募したバーバラは、人材管理の経験についてはいろいろ聞かれたのに、肝心の職務分析については一つも質問されなかった。

面接者は採用の内容をよく確認してから面接に臨むようにする。必要条件の細部や含みにも通じていなければならない。

3◆志願者に面接を支配される

場慣れした志願者は、話を自分に都合のいいほうへもっていくことがある。よい面については長々と話し、悪いところは軽く受け流して目立たないようにする。志願者に主導権を奪われてはならない。志願者が一方的にしゃべり、こちらに一言も言わせないとか、質問を都合のいいようにすり変えるとか、余分な情報をつけくわえて経歴をひけらかそうとするときは直ちに黙らせる。「それは興味深い話ですが、いまはこの点について具体的なことを教えてくれませんか」と言って聴きたいことを聴く。面接を操ろうとする志願者に対抗するには、こちらが納得できるまで質問に答えさせることである。

4◆面接者の態度が尊大

面接の担当者に対して志願者が抱く大きな不満の一つは「態度がえらそう」なことだ。志願者が見下されているように感じることがある。面接者は採用かどうか、少なくともつぎの選考に残すかどうかの決定権をもっているので、あたかも全能者であるかのような気分になる傾向があり、そういう権力をちらつかせたりする。面接者は謙虚にふるまうほうが志願者とのあいだによい関係ができて、結局はあとで役立つ面接ができる。

態度がえらそうなのはいけない。
相手に自分のほうが下だという気持ちを少しでももたせてはいけない。
デール・カーネギー

5◆ほしい答えを誘導する

欠員を埋めるのを急ぐあまり、志願者が望ましい返答をするように手助けする面接者がいる。「この仕事には人をあつかう能力が必要ですが、あなたはその点は大丈夫ですよね?」 これにノーと答える人はいない。

6◆志願者にしゃべらせない

ヘンリーは面接を受けたものの、面接の担当者がしゃべりっぱなしだったために、自分の資格について話すチャンスすらもてなかった。担当者はまず会社について話し、つぎに求人中のポストについて話し、自分自身の仕事のことまで話した。ついにヘンリーに質問したときは、彼が答え終わらないうちに口をはさんで中断させた。面接は双方向の情報交換だ。面接する側もされる側も、一方通行では目的を達成できない。

理由は異なるが、スーザンも志願者にしゃべらせない。志願者の話を逐一書き取るからだ。ときどきメモをとるくらいはいいが、すべて書き取っていたら、志願者はしゃべれなくなるし、面接者のほうも話をじっくり聴くことができない。

7◆面接者が「検事」になる

マーティンは面接を担当するのが好きだ。志願者の話のなかに矛盾を見つけると嬉しくて仕方がない。ちょっとずつ角度を変えて同じことを何度も質問し、同じ答えが返ってくるかどうかを確かめる。もしも「エラー」が見つかれば、待ってましたとばかりに指摘する。彼はいままでにいろいろなウソを見破ってきたことが自慢だ。しかし多くの場合、それらは取るに足りない食い違いにすぎない。マーティンは将来の優秀な従業員を採用しそこなっただけでなく、志願者に悪い印象も残すことになった。

8◆面接者が「心理学者」になる

大学で心理学を学んだからといって、心理学者になったわけではない。しかし自分にそういう知識があると思い込んでいる面接者がときどきいる。志願者の言うことにいちいち裏の意味を探したり、職歴や家族関係や、ちょっとした仕草や言葉尻にまで隠れた動機を読み取ろうとしたりする。自分にそんな判断をする能力も資格もないことはまったく気にしない。心理分析に熱中するあまり、志願者が優秀かどうかの判断は二の次になる。

9◆志願者に「一目ぼれ」する

志願者のある一面に面接者が心を奪われ、それだけで評価が決まってしまうことがある。面接者を感心させるのは、志願者の容姿やカリスマ性、あるいは会社がほしがっている特定のスキルかもしれない。しかし素晴らしい一面があっても、それを無効にするほどの大問題がひそんでいるかもしれない。すぐれた面接者は長所は長所として認識するが、志願者を全体からながめることを忘れない。順序立てた質問をして、その職務で成功するのに必要な要素を一つずつ注意深く評価していけば、この問題は克服できる。

10◆深く追求しない

面接を受けたジョージは、専門分野のいくつかの領域について経験があるかどうかをたずねられ、そのたびに「はい、あります」と答えた。すると驚いたことに、面接担当者はそれだけで満足し、どんな経験や知識がどれだけあるのかまったく探ろうとしなかった。この面接者が相手なら、ジョージはやすやすと経歴を偽ることができただろう。ウソを並べても、実績を何倍にも誇張しても、そのまま鵜呑みにされたかもしれない。

すぐれた面接者は志願者の知識や経験に、入念に探りを入れる。採用条件をよく調べ、それを満たすには何が必要かを拾い出して、余すところなく質問をする。

面接を行なうときは質問を念入りに準備し、これまで述べてきた落とし穴をよく認識してその場に臨んでほしい。それだけで面接がより意義深くなり、より的確な判断ができる。

相手が話しているときに口をはさんではいけない。言いたいことを最後まで言わせなさい。話を中断させるのは、そんな話は聴く価値がないと言っているようなものだ。

デール・カーネギー

経歴を確認する

有望な志願者がいたら、できれば前の雇い主に連絡を取り、面接で聞いた話が事実かどうかを確かめる。価値ある情報を手に入れるには、前の会社の人事部よりも、志願者の直属の上司だった人に問い合わせたほうがいい。上司はその人を毎日観察していたはずだが、人事部はたいていどこの会社でも、ファイルに保管されている情報しかもっていない。

昨今はどの会社も以前の従業員についての情報を外へ出したがらないが、試してみる価値はある。先方の抵抗をやわらげるには、こちらの目的が情報をもらうことではなく、手元の情報の確認であることを強調する。先方へ電話をかける前に、志願者の履歴書や面接時のメモなどをもとにして、聞きたいことを整理する。質問を経歴上の重要な点だけにしぼって、限られた時間内に有益な情報が得られるようにする。

最良の人を選ぶ手がかり

◆◆◆人間的な魅力

何百通もの履歴書に目を通し、何十人もの志願者と面接し、いまや候補者は三人にしぼられた。どの人も目下の空席を埋めるには申し分ない経験と経歴の持ち主だ。さて誰を採用するべきか？これは欠員が出るたびに部長や課長を悩ませてきた難問だ。この重大な選択は、なぜかこの人を雇いたいという気持ちにさせる人間的な魅力の有無で判断するといい。そういうアピールのある人は、他人の心に強い印象を残す人である。

人間的な魅力は表面的あるいは意図的なものでないかぎり、仕事で成功する「しるし」である。そういう人は日ごろ顔を合わせる上司とも同僚とも、組織の内外の誰とでもうまくやっていける。

◆◆◆外見

人と出会ったときに、たいていの人がまず反応するのが相手の外見だ。容貌や服装、身のこなしがきちんとして感じのいい人は、ほとんどの人間関係でいいスタートが切れる。これは表紙だけで本の中身を判断してもいいという意味ではない。美男美女を優先的に選択するべきだということでもない。清潔で感じのいい容姿や、趣味のいい服装、身だしなみのよさは重要だということだ。ただし外見を重視しすぎるのは危険だ。

バーバラは若くてとびきりの美人だった。過去五年間に販売部員として四回採用され、四回とも挫折した。どの会社の面接者も彼女の美しさにほれこみ、これならたちまちお客さまが集まって大成功だと決め込んだのだが、彼女には他に取柄がなかった。外見だけで世渡りしてきたせいで、真剣に努力したことがなかったからだ。

この話を容姿は考慮に値しないというように解釈しないでほしい。魅力的な人間の多くはスキルもやる気もあり、いい仕事をする。だが人は外見に幻惑される。とびきり魅力的な人間を前にしたら、判断を下す前に、経歴のいろいろな側面をもっと深くのぞいてほしい。

◆◆◆自分に似た人間

トムの部下は全員が彼の大学の同窓生だ。ベスの部下にも彼女と同じアイオワ州の出身者が三人いる。トムとベスに、なぜその部下を採用したかをたずねると、二人とも採用条件や人間性や頭のよさを理由にあげ、経歴に共通点のあることが選択の要因だとは考えていなかった。

人は意識せずとも、自分に似た身の上の人間を好む傾向がある。似たような環境に育った人とか、共通の経験をもつ人と一緒にいると、なぜか安心なのだ。これは職場の人間関係を築きやすくするかもしれないが、一方では能力の低い志願者を選択することにつながりかねない。また職場が似たような経歴の人ばかりになると、考えることも似たようなことになり、新しいアイディアが出にくくなる。

◆自信

面接にやってきたフランクは自信に満ちていた。失敗談も悪びれずに話し、業績をひけらかして面接者の気を引こうとする志願者とは違って、成功については事実をただ淡々と語った。自分の能力をまったく疑っていないことが言葉のはしばしからうかがえた。彼のような人間は、その自信をきっと仕事に発揮するだろうし、新しい環境にもすぐになじむだろう。

◆話し上手

ローラはいままでに手がけた仕事についてすらすらとよどみなく話をした。口ごもったり言葉につまったりもしなかった。詳しい説明を求められると、用意してきた統計や実例や具体的な作業例をしめした。これは彼女の専門技術の確かさだけでなく、コミュニケーション・スキルという多くの仕事に不可欠な能力もしめすものだ。

志願者のなかには大した経験もないのに、さも大きな業績を上げてきたように語る口達者がいる。その分野の専門用語をこれみよがしに使う者もいる。志願者が口先だけの人間かどうかを見分けるには、手がけた仕事の具体例をたずねるなど、つっこんだ質問をすることだ。口ばっかりでろくに仕事をしていないような人間には、内容のある返答はできない。

◆活気

ダイアンは面接中も生き生きとしていた。質問すれば、表情豊かに身振り手振りを交え、弾むように答えた。面接者も「気合が入っている」のに感心した。こうした打てば響くようなタイプはたいてい精力的で、何事にも全力で取り組む熱い人間だ。

◆成熟度

人の成熟度は、生物学的な年齢では測れない。若くても成熟した人はいるし、歳を取っていても子供っぽい感情をまるだしにするような人もいる。真に成熟した志願者は、敵対的でも防衛的でもない。面接者の質問を「引っ掛け」ではないかと勘繰ったりしないし、自分を哀れんだり、過去の失敗に言い訳を並べたりもしない。短所についても長所と同じように率直に話ができる。

ユーモアのセンス

エヴァンは面接のあいだ、固い表情のままでニコリともしなかった。気持ちをほぐそうとして面接者が冗談を言っても、ほとんど反応しなかった。緊張でこちこちだったのかもしれないが、彼はもしかすると、ものごとの明るい面を見ようとしないネガティブな性格の人間かもしれない。そういう人はマネジメントするのが難しく、チームで働くことができない。仕事仲間はユーモアのセンスのある人のほうがずっとらくだし、楽しく仕事ができる。とはいえ、あまりに軽々しいとか騒々しいとか、不適切なジョークを口にする、大声で笑うというような場をわきまえない志願者にも注意が必要だ。

知性

知性には知能テストで測るような側面もあるが、面接でも志願者の知性のタイプについて多くの情報が得られる。たとえば販売などのように、状況にすばやく対応できる能力を必要とする職種には、質問にすぐさま良識的に答えられる人がいいし、逆にリサーチ・エンジニアなどの熟考を要する仕事には、たとえ時間はかかっても、じっくり考えてから答えを出すタイプの人のほうが向いているといえる。

ハロー効果

ロブはコンピュータの達人だ。コンピュータで解決できることなら、どんな問題をもち込んでも、たちどころにプログラムをつくって処理してしまう。上司はそんな手腕に感心し、ロブを昇進させた。だがそのポストは、コンピュータでは解決がつかないような問題について判断を求められるところだった。コンピュータにあれほどすぐれた能力を発揮する人間なら、何をやってもよくできると上司が決め込んでいたことがこの失敗のもとだ。

これをハロー効果という。ある特徴に引きずられて他の面まで過大評価してしまう傾向のことだ。この逆をピッチフォーク効果という。たった一つの悪いところがその人全体の評価を決定付けてしまい、長所が見えなくなる。

こうした偏見やかたよった評価を避けるには、一つの特性だけでなく、その人全体を見ることを心がける。

成功の記録

米国公文書館の入り口には、「過去はプロローグ」というシェイクスピアの言葉が掲げられている。人を選抜して新たなポストにつけるときには、内部からの昇進であれ外部からの採用であれ、その人物の過去の記録が最も重要な参考資料になる。成功経験のある人は、その後も成功する傾向がある。月並みな業績の人は、どこへ行っても月並みなことが多い。その人が以前の職場で達成してきたことをふり返れば、新しい職場での予想図が手に入る。志願者には必ず、前の職場でなし遂げた主な業績をたずねることである。その人の成功のパターンがわかるだろう。

リーはセールスの仕事に応募したとき、その分野にこれといった経験はなかったが、それまでついていた総務の仕事では、いろいろな領域の問題について解決してきた実績があった。面接にあたった販売部長は、こうした実績はセールスにおいても大きな財産になると考え、経験のある何人もの競争相手のなかからリーを選んだ。二〜三カ月もすると、彼の成功のパターンは新しい仕事のなかにももち込まれたことが明らかになった。リーはすでに社内の優秀なセールスパーソンの一人になりつつあった。

自分の仕事をどう認識してきたのかということも、志願者について多くを語るものだ。ベティは前の会社ではマネジャーの地位にあった。彼女が主な業績としてあげたことは、職場をつねに順調に機能させてきたこと、すなわちどんな不測の事態にも着実に対処し、どの仕事も必ず期限通りに完了させてきたことだと語った。もしも求める人材が業務を日々滞りなく推進させることに手腕を発揮する人間なら、彼女はまさしく適任だ。しかしもっと革新的、または創造的な人間が必要だというなら、職場に新しいシステムを導入して生産性を上げたとか、部内の組織再編を実行して効率化に成功したといった実績を提示する人間を選ぶべきだろう。

志願者が実績として誇らしく語ることから、志願する新しい仕事の性質をどうとらえているかもうかがえる。人事担当者の求人に応募したゲーリーは実績をたずねられ、社内にボウリングチームとソフトボールの競技会を創設したことを自慢げに語った。一方そのポストの競争相手になったアイリーンは、従業員からの提案を集めるシステムを導入し、その成果として画期的なコスト削減法が見つかった話をした。さて、この答えを聞くかぎり、この二人のどちらがつぎの人事担当者として適任だろうか。

◆◆◆人間的な温かみ

この無形の長所は重要な判断基準になる。説明するのは難しいが、あるかないかははっきりとわかる。温かい人は心が通じる感じがするし、話し合う事柄に真剣に関心をしめす。人間関係についても率直に話をする。面接中も自然体なので、面接するほうも気がらくになる。こうした性格の持ち主はどんな環境のなかでも平静を失わないし、職場にすみやかに自然に溶け込んでいく。誰にでも好かれ、一緒に生活したり働いたりしやすい人だ。

◆◆◆空気が読める

面接者の質問や話の意味をくみ取るだけでなく、その場の空気も理解するような志願者は、おそらく職場でも同じことができる。周囲の空気に敏感なことは、職場に欠くことのできない資質だ。そういう従業員は教育もしやすい。指導や批判を快く受け入れて実行し、同僚ともうまくやっていける。

自然体

うちとけた自然な態度で面接を受けられる人は、おそらく精神のバランスが取れた人である。しかし緊張してこちこちになっているような志願者をはなから見捨ててはいけない。そういう人に手を差し伸べて、その窮屈そうな様子の下にどんな人間性が隠れているかを判断するには、スキルと忍耐力と決心がいる。不安が本当の能力を覆い隠しているかもしれないと考えよう。

志願者に情報を与える

面接には、会社と仕事についての情報を志願者に与えるという大きな役目もある。採用したい相手が、万一その申し出を受け入れてくれなかったら、よりよい人物を獲得しようとして注いできた努力も費用もムダになるだろう。面接のときに、その仕事についていいイメージを与えておけば、受け入れられる率は上がる。

面接が仕事の内容の説明から始まることがある。面接に先立って業務内容をしめした資料が志願者に配られることもある。これは大きな誤りだ。志願者が仕事の内容をあまりに早く、あまりに詳しく知ってしまうと、質問への答えをそれに合うように調整するかもしれない。たとえば今回の採用者にはデパートチェーンへの売込みを期待していると初めに告げたとしよう。そのあと志願者に「これまでの取引先は主にどういうところでしたか?」とたずねれば、たとえその方面にあまり経験のない志願者でも、どう答えるかは明らかだろう。

業務内容や責任について志願者に情報を与える最良の方法は、面接の流れのなかで適宜与えていくことである。情報の提供は、志願者がその領域にどんな経歴をもっているかを確認してからでなければならない。たとえば「これまでの取引先は主にどういうところでしたか?」とたずね、志願者が「ドラッグストアのチェーンとディスカウントストア、あとはデパートや通販会社です」と答える。そのあと、それぞれの取引先について志願者がどれだけ経験があるかについて具体的な質問をする。デパートに十分経験があることがわかったら、面接者はこんなふうに話せばいい。

「デパートの経験が長いというのはありがたいですね。うちの顧客の四〇パーセント近くがその業界ですから。もしわが社に来ていただいたら、その方面でしっかりやっていただくことになります」

対象としている顧客にその志願者が強くないことがわかったら、面接者はこのように告げる。

「わが社はデパートチェーンとの取引に主力を置いていますので、もしうちへ来ていただいたら、その方面にかんしては教育させていただきます」

志願者はたいてい面接の最後に、仕事と会社について質問する機会を与えられる。その質問のなかに志願者の人間性がうかがえることがあり、評価に役立つことが多い。たとえば休暇や昇給といった待遇面について質問が出ることもあれば、仕事自体にかんする質問のこともある。自分の身の上にしか関心のない人間は、仕事本位の志願者ほどモチベーションは高くないだろう。

志願者の質問は、彼らがその職に本当に関心があるかどうかを知る手がかりにもなる。もしも将来性のありそうな志願者が、その職につくことにさほど熱心でないのが質問からうかがえたら、入社の利点をいま一度売り込んでみてもいいだろう。

面接中はつねに「売り込んでいる」ことだ。自分たちの会社のこと、仕事のことを肯定的に、情熱を込めて語ることが大切だ。これはその仕事を実際よりよく見せようとか、志願者をあざむけという意味ではない。面接ではその仕事のネガティブな要素についても志願者に話すようにする。ただしよい面が悪い面を補って余りあることをしめす。たとえばこんなふうに――。「この仕事には高度な訓練が必要ですので、最初の何カ月かは残業していただくこともあります。でもわが社のシステムをマスターすれば、この分野の最高の技術が身につきますよ」

社内から登用するにせよ、社外から雇い入れるにせよ、正しい判断をするのに不可欠なのは、本章で述べてきたすべてのステップを確実に踏んでいくことである。個人的な好き嫌いに左右されていないか、外見を重視しすぎたり、ハロー効果やピッチフォーク効果に惑わされたりしていないか注意する。過去に成功体験があるか、仕事に対して積極的か、その仕事に適したタイプの知性の持ち主か、自然体で温かい成熟した人間かどうかも確認しなければならない。

まとめ

◆履歴書を見る前に、その仕事に不可欠な条件のリストをつくる。志願者がそれらの要求項目を満たしていないかぎり、面接に呼ぶ意味がない。

◆履歴書を額面通り受け取ってはならない。内容に脱落がないか、経歴に矛盾がないか、成長の形跡があるかなどをチェックする。

◆すぐれた面接を行なうには、ほしい情報がすべて得られるように質問をあらかじめ用意する。また、人間性も重視する。

◆面接者がおちいりやすいつぎのような落とし穴を避ける。

- 質問が順序立てられていない
- 違う仕事のための面接になっている
- 志願者に面接を支配される
- 面接者の態度が尊大
- ほしい答えを誘導する

・志願者にしゃべらせない
・面接者が「検事」になる
・面接者が「心理学者」になる
・志願者に「一目ぼれ」する
・深く追求しない
◆外見やユーモアのセンス、自信や活気といった項目も手がかりにして人選する。
◆しかるべきタイミングと方法で志願者に会社と仕事の情報を与える。

第5章 成果を上げる

フィルは満面の笑みを浮かべて祝いの言葉を受けていた。三年連続でゴルフのクラブ・チャンピオンに輝いたのだ。地元紙の記者がたずねた。「フィル、今回も文句なしの優勝ですね。私たちに何かアドバイスしてくれませんか、どうしたら成績がよくなるのか」。フィルはためらいなくこう答えた。「どう準備《ティーアップ》するかが大事だね」

準備が結果を決める

ゴルフであれ仕事であれ、結果はすべて準備にかかっている。最初の球を打つときまでに、あるいは割り当てられた仕事に着手するまでに、それに備えて何をしてきたかで、そこそこの出来か、とびきりの成績かの差ができる。ゴルフのティーアップはたんにティーに球を置くことではない。そのゲームを制するために、それまでにやってきたことのすべてをさす。

◆技術をみがく

準備の最初のステップは、できるだけ知識や技能をもつことである。どんなスポーツとも同じで、仕事の力量を蓄えるにもまずは基本を身につけ、そこからしだいに複雑な手順を学んでいく。抜きんでた業績をめざすには、その分野の技能に熟達することがどんな場合にも不可欠だ。

病院で働くダーリーンは、新しい医療技術に興味をもった。だが看護助手という身分では、それらの装置を見ることはできても操作することはできない。彼女は機会を見つけて、その装置が使われている部屋をのぞいた。専門技術者と親しくなり、独学するための教材をもらった。とりわけ超音波検査装置に興味をそそられた。その後、養成講座で学んだ彼女は「認定医療用ソノグラフ検査士」の資格を取り、専門技術者としてフルタイムで働くようになった。資格を取って職につくことができれば、たいていの人はそれで満足するだろう。だがダーリーンは、ただの優秀な働き手で終わりたくなかった。最高の技術者になりたいと思った。その後も勉強をつづけ、その装置を使う医師がふだんと違う仕事をするときは進んで手伝いをした。そのうち彼女は、病院内で誰よりも専門知識のあるソノグラフ検査士となり、その分野の第一人者への道を歩み始めた。

◆◆◆トレーニングをつづける

トレーニングは技能を身につけたら終わりというわけではない。トップレベルのアスリートは、どれだけ成績がよくても決して練習を怠らない。訓練が永遠に必要なことを知っているからだ。

サムは腕利きのセールスパーソンだが、トレーニングが完了する日が来るとは思っていない。いつも「勉強しなきゃならないことが、まだ山のようにある」と嘆いている。少なくとも年に一度は販売技術や商品知識の訓練コースを受講するし、読書とトレーニング用のテープを聴く時間を毎週の予定に入れている。そうやって彼は、売上げを伸ばしつづけている。

◆◆◆人に教える

技能をみがくもう一つの道は、人に教えることである。これはふだんやっていることを初めからきちんと見直して、勉強し直す機会になるだけでなく、生徒側から教えられることも多い。生徒の質問や提案がきっかけになって知識が深まるのはよくあることだ。

アンはある政策委員会で文書作成担当の主任をしている。選挙が近づき、コンピュータのオペレーターを新たに二人雇い入れて教育しなければならなくなり、短期間で効率的に教えられる訓練プランを立てることにした。するとその途上で、それまで自分が使ってきたテクニックの多くを考え直さざるを得なくなり、何年も使っていなかったショートカットや便利なやり方を思い出したり、新しい方法を工夫したりした。そして訓練が始まると、生徒に刺激されてアン自身の能率も上がり、生産量が増えるという思いがけない結果になった。

あきらめない精神を培う

チャンピオンは決して「勝てない」とは言わない。障害を克復する方法をなんとかして見つけようとする。チャンピオンだからといってつねに勝てるとはかぎらないが、勝とうとせずに試合に臨むことは決してしない。

ミュージシャンで音楽プロデューサーのダグには、テディベアが好きな幼い息子がいた。ダグは息子にテディベアのお話を読んでやり、歌をつくってやった。その歌を自分のスタジオでレコーディングして、幼い子供のいる友人に配ったところ、評判を呼び、注文が来るようになった。ダグはプロのバンドを雇ってその曲を正式に録音し、何千枚かを売りさばいた。

もっと売上げを伸ばすにはどうするか？　テディベアの歌をもっといろいろつくればいいというのは誰でも考えつくことだ。何種類かのＣＤが制作された。しかしこれらを爆発的にヒットさせる方法はないものか？　彼が思いついたのは、テディベアが主人公のテレビ番組をつくることだった。

ダグは操り人形師とアニメ制作者に声をかけ、テディベアに他の動物のぬいぐるみをくわえて人形劇の一座をつくり、大手放送局へ売り込んだ。どの局もこれはすてきなショーだとほめそやすものの、子供番組はいまのところ間に合っているから買うことはできないという返事。

断わられつづけたダグは、もうあきらめたほうがいいと支援者たちにも忠告された。資金の提供がなければ、売り込みもつづけられない。「アメリカ中のテレビ局とプロデューサーに蹴られたんじゃ仕方がないか……」とぼやいたそのとき、ふとある考えがひらめいた。「待てよ、アメリカでなくてもテディベアの好きな子供はいる！」

翌日さっそく諸外国の子供番組事情を調査した。そして世界中のテレビ番組プロデューサーに向けて売り込みを開始する。その結果は？「ザ・テディベア・ショー」はオーストラリアのプロデューサーに買い取られ、その国で近く制作が始まる予定だ。

◆考える

成績を伸ばす準備の最後のステップは「考える」ことだ。試合であれ仕事であれ、大事なのは始める前にとことん考えることである。優秀なゴルファーは最初の一打を飛ばす前に、そのホールをどう戦うかを徹底的に考える。有能なビジネスパーソンはプロジェクトに手を着ける前に、どうやってやり遂げるかに思案を尽くす。

作業が複雑なときは、往々にして仕事そのものと同じほど計画に時間をかけなければならない。腕利きのセールスパーソンは売り込みの電話をかける前に、起きるかもしれないあらゆる問題と、それにどう対処するかを綿密に検討する。経営者は意思決定の前に、その決断がもたらす可能性のあるあらゆる事態に思いをめぐらす。舞台や映画の一流俳優も、一流スポーツ選手もみな同じことをしている。

一流の業績を上げるには、どんな分野であれ、技能をみがき、訓練を怠らず、人にも教え、決してあきらめない精神を培って入念に準備することである。難しい仕事にいどむときや状況が困難なときは、日ごろからのこうした準備がますます重要になる。

成果を上げるツール

◆成果基準

成果基準はふつうその種の業務に長期間たずさわり、十分な技能をもつ従業員の経験が基本になる。その基準はつぎの条件を満たしていなければならない。

◆具体的であること

その仕事にたずさわる者が、自分に何を期待されているかが正確にわからなければならない。

◆尺度になること

会社には成果のものさしになるものが必要だ。数量で表わせれば測定はたやすいが、そうでないときは難しい。数量で表わせないときは、たとえば割り当てられた仕事が期限内に完了するかどうか、新しいやり方を取り入れているかどうか、チーム活動への貢献があるかどうかといったことを判断材料にすることも考えられる。

◆現実的であること

基準が達成可能なものでないと、フェアでないとみなされ、達成をめざすことに抵抗感をもたれる。

◆◆◆業務成果説明書

成果を上げるには——部下の成績であれ、管理職のそれであれ——体系的な方法で取り組むことが必要だ。それは職場における自分の役割と、その日やその月やその年に出すべき成果とを認識することに始まる。それによって組織のトップから底辺までが歩調を合わせられる。

最初のステップは、その業務で何を達成したいか、何をもって達成とするかを正確に定めることである。そのために作成するのが、業務成果説明書（PRD＝Performance Result Description）である。業務内容説明書（job description）が「どんな活動や業務が行なわれるべきか」に焦点を合わせるのに対し、業務成果説明書は「その業務が首尾よく行なわれたらどうなるか」をしめす。すなわち結果の指標であって、管理者にとっても従業員にとっても、組織のビジョンや使命や価値観を個人の測定可能な業務目標に転換するものとなる。一人ひとりの業務上の役割――キー・リザルト・エリア（KRA＝Key Result Area）と呼ばれる――を教え、正確に説明するだけでなく、成果基準を明示することによって、それらの役割が首尾よく果たされたかどうかをはっきりと判定する。またこの文書はチーム、部門、組織における個人の説明責任を明確に規定して、協力体制のツールともなるものである。

すなわちこれが作成されることによって、組織の全員がビジョン、使命、価値観、そして業務目標を日々達成していくことに焦点を合わせられる。これは目標を正確な言葉で語り、測り、明確な義務を与え、説明責任を確立するツールである。私たちは自動車のスピードと効率を監視するのにスピードメーターとガソリン計を使う。企業はキー・リザルト・エリアと適切な成果基準を設定することによって、各人の成績を明らかにできる。またこのシステムは従業員自身が自分の成績を測ったり監視したりすることを自由にすると同時に、従来の測定と統制のシステムの必要性をずっと小さいものにするだろう。

こうした達成のためのツールが最良のかたちで機能すれば、リーダーシップを通じて一つの環境が生み出されることになる。それは組織が競争力を維持し、顧客の期待を超えていくのに必要な業績を従業員が自律的に達成しながら、同時に個人としても職業人としても成長していける場所である。

業務成果説明書を作成するには、つぎのことを確定する。

◆この業務の目的は何か。あるいは、なぜこの業務が存在するのか。
◆この業務にかんして私たちが果たすべき職務は何か。なぜそれを果たすのか。
◆キー・リザルト・エリアは何か。すなわち達成すべき重要な領域や活動は何か。達成したら職務を果たしたといえるものは何か。
◆業務の目標や目的は、組織のビジョンや使命と一致しているか。

キー・リザルト・エリアにおいて首尾よく成果を上げるには、成果基準が具体的で、尺度になるもので、達成可能で、結果をしめすもので、時間枠のあるものでなければならない。特定されるべきことは、たとえばつぎの項目である。

◆期限
◆費用
◆義務
◆キー・リザルト・エリアの達成に必要な活動
◆スキル、知識、能力

また成果基準は、その仕事を首尾よくやり遂げるために前もってしめされるべき具体的な判断材料である。「活動」ではなく「成果」に焦点を合わせたもので、結果主義でなければならない。成果基準を設定すれば、作業の進行中にも各基準が達成されたかどうかがわかる。主観的ではなく客観的な判断ができるので、業績評価の手順がらくになる。

設定した成果基準が有効かどうかを判断するには、つぎの質問が役に立つ。

◆この基準は達成可能か？

◆「結果」を表わしているか、それとも「活動」を数量化しているだけか？

◆何をもって一〇〇%の達成とするか？

◆誤解を招くような用語や言葉はないか？　たとえば「申し分ない」「多くの」「効果的な」「上手な」「上出来の」「最高の」などの言葉は尺度にならず、同意するのも難しい。

人を批判したり非難したり、小言を言ったりはどんな愚か者にもできる。しかし人を理解し、ゆるすことには人格と自制心がいる。

デール・カーネギー

つぎにあげるものは成果基準を設定するさいの参考になる事柄の例である。

◆前年度と今年度の取引増加額の少なくとも三〇パーセントが、新しい顧客によるものである。
◆全社員が資格認定機関の基準に従って例年の資格更新を一カ月以内に完了した。
◆全社員が過去六カ月間、週に一度の割合でトレーニング集会に参加した。
◆今年度は配達の遅れに対する顧客からの苦情が二〇パーセント減少した。
◆オリエンテーションを社員がもっと楽しめるものにする改革は二〇一一年六月一五日に完了した。
◆販売チームは薬剤部門における顧客のリピート率をこの半期中に一七パーセント上昇させた。
◆不法侵入および破壊行為による当社支店の被害額は昨年度にくらべて五〇パーセント減少し、その結果として損害保険料が一〇パーセントの減額となった。
◆依頼を受けたデザインは毎回必ず各クライアントに期日通りに納品されている。

正規の業績評価

どの組織でも、ふつうは年一回の割合で「業績評価」や「人事考課」が行なわれる。その他にも多くの組織が半期や四半期ごとに、従業員に各自の進歩を自覚させる意味合いで何らかの評価を行なっている。

正式の評価を行なうことの重要性はつぎのようなものである。

◆その従業員の実績全般について話し合う枠組みを提供する。上司はこの面談を通じて従業員の成功を承認できるし、さらに貢献できるようなアドバイスもできる。
◆グループ全員を同じ条件で比較できる。
◆従業員が必要としている追加の訓練について役立つ情報が得られる。
◆多くの企業では、この評価が昇給とボーナスを決定する第一の要因になる。
◆正式な場であるため、非公式な発言よりも、評価が真剣に受け取られる。
◆目標設定やキャリア・プラン、個人的成長について話し合う機会になる。

業績評価のマイナス面もあげておく。

◆上司と部下の両方が煩わしく感じる。
◆部下に不愉快な思いをさせるのが嫌で、上司が実績を過大に評価することがある。
◆評価方法に不備やあつかいにくい点があり、問題を解決するより発生させることのほうが多い。

◆競争相手になるのを恐れて、上司が優秀な部下を過小評価することがある。

業績評価は、適切に行なわれれば、上司と部下のどちらにとっても刺激的な経験になる。これを実りあるものにするには、両者の対決の場にしないことである。たがいに意見を交わすことのできる貴重な機会と見ることで、従業員は向上へのモチベーションを得られ、より生産的で満足な業務経験をもたらす目標を設定して、つぎの年に臨むことができる。

最良の評価方式を選択する

正式の評価にも多くの方法が用いられているが、最もよく使われるものを見てみよう。

◈◆◈能力主義の評価

最も一般的なのが能力にもとづく評価である。いくつかの職務遂行能力に着目し、それぞれを「優秀」から「不十分」までの五段階で採点する。項目は一般につぎのようなものになる。

〈能力〉

◆仕事の量
◆仕事の質
◆仕事にかんする知識
◆信頼性
◆指示を受け取る能力
◆自主性
◆創造性
◆協調性

〈評価〉

◆優秀……………………5点
◆良好……………………4点
◆普通……………………3点
◆改善が必要……………2点
◆不十分…………………1点

この方式は一見使いやすそうでわかりやすいが、いろいろ問題がある。

◆評価が中央寄りになる。各能力に対する評価が綿密さを欠きがちで、「普通」かその前後の評価を下すことが多くなる。
◆ハロー効果が起きる。対象者の何か一つの能力に採点者が感心すると、すべての能力を高く評価しがちになる。この逆のピッチフォーク効果も同様に起きやすい。
◆個人的偏見に左右される。採点者も人間だ。人間は他人に対してよくも悪くも必ず個人的偏見がある。どんなタイプの評価でも偏見に影響されるが、能力主義はとりわけその傾向が強い。
◆直近の行動に左右される。ここ二、三カ月間のことは上司もよくおぼえているが、対象となる期間の前半にその従業員がどうだったかは忘れられることが多い。

能力にもとづく評価は点数で表わされるので、従業員同士の比較が容易になる。そういう従業員の格付けに「ベル型曲線」を使う会社もある。ベル型曲線は、大勢の人間がいれば、そのほとんどが平均値付近（真ん中ぐらい）に集まり、いくらか少数が平均値より少し上と少し下の区分に、さらに少数が最高と最低の区分に入るという仮定にもとづいている。

従業員の評価にベル型曲線を使うときの難点は、グループの人数が少ないと、そのタイプの分布にならず、また最高レベルや最低レベルの従業員に不公平になることがあることだ。

たとえばカーラは同僚全員がすべて天才の職場で働く天才だとしよう。そのなかでは最も低レベルの天才だ。するとその職場のベル型曲線のなかでは、彼女は「不十分」と格付けされてしまうだろう。他のグループにいれば、まちがいなく「優秀」と評価されるだろうに。

一方、ハロルドの仕事ぶりはまあまあというところだが、彼のグループは全員が平均以下の成績だ。ベル型曲線を使って他人と比較すれば、彼を「優秀」としなければならなくなる。

管理者やグループリーダーは、各区分の意味や能力の定義について綿密な情報を与えられなければならない。仕事の「量」や「質」は比較的わかりやすいが、「信頼性」とは何だろう?「自主性」や「創造性」など抽象的なものをどうやって測るのか? たとえば討論やロールプレイング(役割演技)、ケーススタディ(事例研究)などを取り入れた教育プログラムをつくることによって、誰もが同じように理解し、使える基準が確立できるかもしれない。

評価の尺度も明確にする必要がある。「優秀」と「不十分」の従業員を特定するのはたやすいが、その中間の人々を区分するのはなかなか難しい。

年間を通じて従業員一人ひとりの仕事ぶりについて簡単な日誌をつけておくといい。平凡な成果を記録する必要はないが、達成できたことやできなかったこと、他にも何かこれというものがあればメモしておく。たとえばプラス面についてのメモは「ノルマを二〇パーセント超過して達成した」「締め切りの二日前にプロジェクトを完了させた」「その仕事に必要な時間を三割削減できる提案をした」といったものになるかもしれない。マイナス面については「大きなミスがあって報告書を書き直した」とか「今月は昼休みから戻るのが三回遅れ、叱責を受けた」といったものになるかもしれない。

評価にあたる者は自らの偏見に気づき、克服する努力をしてほしい。情報を集めることも重要だ。優秀な、また不十分な業績や行動の具体例を集め、評価を確かなものにする。

◆◆◆成果主義の評価

能力主義より客観的な評価ができるのが、特定の結果を出せたかどうかに注目する方式である。この成果にもとづく評価は、測定できる結果が出るならどんな状況にも利用できる。数量化できる要素（販売量や生産単位など）が含まれている場合は明らかに使いやすいが、たとえば管理法の開発で特定の目標を達成するとか、個人的な目標の達成とか、協同体制の実現というような数値化できない領域にも使うことができる。

この方式では自主性や協調性といった抽象的な特性についての自分の判断をあてにする必要がなく、かわりに従業員に何が期待されるか、その期待をどこまで満たしたかに注目すればいい。何を期待するかは評価期間の初めに本人と話し合って定め、期間の終わりに判定する。そのときつぎの期間のための新しい目標も設定すればいい。主な手順はつぎのようになる。

◆それぞれの業務について、上司とその仕事をする従業員とがキー・リザルト・エリアに合意する。すなわち、結果を出すことが必須の項目や活動や目標などを拾い出して合意する。

◆上司と従業員は各キー・リザルト・エリアについて期待される成果を確定する。

◆正式な業績評価のさいに、各キー・リザルト・エリアで従業員が達成した成果と期待された成果を照らし合わせる。

◆従業員がどこまで目標を達成したかを数値で表わす組織もあるが、そうした等級付けは行なわないところも多い。その場合は報告書が作成されて、達成された事柄の概略とその意義についての評言が記される。

会社によっては従業員に毎月の進歩を、年度末の評価のときと同じ書式で報告させている。その方法をとれば、管理者と従業員の両方が進歩の状況をつねに監視できる。また毎月のレポートを調べれば、年度末の評価のさいには話し合いや報告書の作成がずっとらくになる。

人をあつかうときは、
相手が論理の生き物ではなく感情の生き物であることを忘れてはいけない。

デール・カーネギー

◆◆◆三六〇度評価

近年、管理職を評価するのに「多面評価」というかたちをとることが多くなった。対象者の上役だけでなく、同僚や部下、さらには取引先や顧客といった外部からも評価されるやり方で、「三六〇度評価」とも呼ばれ、ゼネラル・エレクトリックやエクソンモービルなどのいわゆるフォーチュン五〇〇社にも広く採用されている。

人は他人が見るように自分を見ることができない。自分の行動は理屈に合っているし、考え方は健全だし、判断は正しかったと信じている。成績は従来、直属の上司だけに評価されてきた。したがって自分の仕事ぶりがその人にどう思われているかはわかるが、私たちがふだんやりとりしているのはその人一人だけではない。

部課長はまだしも、経営者や重役が評価を受ける機会はめったにないだろう。そういう重役が同僚や部下から評価されれば、自分の管理スタイルについて、それまでまったく気づかなかったことに気づかされるかもしれない。じっさい自分が人からどう見られているかが初めてわかってショックを受け、管理スタイルの変更に踏み切る人も多いという。

多面評価は利点が大きいが、難点もある。評価に傷つけられることがあるからだ。評価する者が親切で前向きとはかぎらない。なかには評価する側にまわったのを、相手を批判するチャンスと考える者もいる。

もう一つの難点は意見が食い違うことだ。誰の評価が正しいと誰が決めるのか？　先入観だけでほめられているかもしれないし、嫌いな相手なら、つい悪い評価に傾くかもしれない。友人同士ならいいほうへ傾きがちだ。また自分の上司や重役を正直に評価するのは危険だと考える部下も多い。

三六〇度評価を有効にするには、つぎのことに留意する。

◆評価を行なう者は匿名とし、内容は秘密にする。
◆評価を行なう者は、評価する相手と半年以上は仕事上のかかわりをもち、相手について十分に知識がなければならない。
◆評価を行なう者は、数字による評価とともに評言を記す。それによって評価がより具体的で意味深いものになる。
◆「評価疲れ」を招くので、一度にあまり多くの従業員に対して三六〇度評価を行なってはならない。

評価の面談

評価の結果は本人に知らせなければならない。管理職に嫌な仕事は何かとたずねると、いちばん嫌なのは人をクビにすることだが、そのつぎにくるのが人事考課や業績評価の面談だ。いいことを告げるのはもちろん嫌ではないが、悪いことを話し合うのは気が重い。当然ながら相手もそう感じており、不安から神経過敏になったり、緊張でコチコチになったり防衛的になったりする。そういう評価の面談を生産的で意義あるものにするには、上司と部下の双方が、これは建設的な仕事だという前向きな気持ちで面談に取り組むことだ。

◆◆◆面談の準備

効果的な面談をするには入念にプランを立てる。上司は面談に臨む前に、自分が下した評価をよく調べ直し、面談でふれるべき事柄のリストをつくる。改善が必要な点だけでなく、成果の上がった点もすべて書きとめる。前回の評価も参照し、改善されたところは必ずメモする。これまでの行動、改善のためのプラン、将来の目標などについて聞きたいことを質問としてまとめておく。

その従業員の日ごろのふるまいについて、できるだけ多くのことを思い出してほしい。とくに問題なことや変わった癖などはないか。もしもその部下がカッとなるたちだとか、反抗的だとか感情的だとかで面談に支障が出そうなときは、その対策も必要になる。

面談の日時は数日前には決定する。自分で業績をふり返っておくように相手に告げておくといい。評価に使うのと同じ書式を従業員に与えて、前もって自分で評価させている会社が多い。自分のしてきたことをきちんと見直しておくことで、面談で話し合う準備ができる。

◆成績を話し合う

まずは相手の気持ちをほぐし、気楽に話し合える空気をつくる。初めにその部下のよくできた仕事と、基準を満たした仕事をあげる。そうやって具体例をあげることによって、上司がその部下のいいところを実際に知っていることが伝わる。何か言いたいことがあれば遠慮なく言うように告げ、注意深く聴く。そのあと基準に達していない点について話し合う。具体的に話す。「きみの仕事ぶりはいまひとつだね」といった漠然とした言い方でなく、どこが期待に達していないのか例をあげて話すとずっと効果的になる。成果基準が明確にしめされ、従業員に理解されていれば、「基準に達していない」ことを告げられるのは彼らにとって意外ではないはずだ。ミスの多すぎた仕事を指摘したり、締め切りに間に合わなかった一件を思い出させたりすればいい。

つねに「人」ではなく「仕事」に焦点を合わせる。「きみはダメだ」といった言い方を決してしてはいけない。「この仕事は基準に達していない」と言う。

問題が業績ではなく行動にかんするものでも、同様に具体的に説明する。「遅刻のことは何カ月も前から注意してきたわね。あなたは優秀な社員なのだから、毎日時間通りに来られさえしたら、この会社での将来はずっと明るくなるはずよ」

部下から提案を求める

現状を明らかにしたら、上司のほうから改善の方法をもち出さずに、部下から提案を求める。これに抵抗する部下もいるだろう。改善を考えるどころか、これまでの行動について言い訳や理屈を並べようとするかもしれない。そういう話も相手の身になって聴き、言いたいことをすべて言わせる。全部吐き出してしまえば、前よりも素直に現実と向き合うようになり、何か実行できることを探そうという気持ちになるかもしれない。

「成績を上げるために何か手伝ってあげられることはないかしら?」とたずねるといい。彼らの提案が見込みのあるものなら受け入れ、実行のしかたについて一緒にプランを立てる。社外で講習を受ける、OJT(現場業務を通して訓練する)を行なうといった提案は、効果的なことが多い。

上司は部下のことをよく知っている。その部下には建設的な提案ができそうにないと思われるときは、上司のほうでいくつか案を準備する。

目標を設定する

前年の業績評価のさいに目標が設定されていたら、それらを見直す。達成されていたら、「よくやったね、おめでとう」とほめて、どうやって達成したかを聞くだけでいい。達成されていなかったら、原因をつきとめ、つぎの年度内に達成するにはどうするかを考える。

面談は過去を見直すだけでなく、これからのプランを立てる場でもある。つぎの一年のあいだに何をやり遂げたいかを部下にたずね、生産目標、行動の改善や昇進へのプランなどを引き出す。昇進に役立つように追加的な教育を受けたいとか、専門家や同業者の集まりなどに参加したいといった個人的な目標をもつ者もいるだろう。管理者はこうした努力に協力的でなければならないが、自分の裁量下にはないような昇進や出世について約束したり、偽りの希望を与えたりしてはならない。

目標は紙に書かせ、その目標を達成するためのプランも記させる。そのコピーの一枚を本人に渡し、もう一枚を上司が保管して、翌年の業績評価に利用する。

世の中の重要なことのほとんどは、
まるで見込みがないように思われたときにも、
努力することをやめなかった人々がなし遂げたものだ。

デール・カーネギー

◆◆◆記録する

面談の最後に、そこで話し合われたことを、評価を受けた本人にまとめさせる。業績と行動のプラス面とマイナス面、翌年度のプランや目標などの重要事項を彼らが十分に理解しているかどうかを確認する。これらを記録し保管する。

その従業員が成績不振で、この面談をもってクビにするというのでないかぎり、最後は明るい言葉でしめくくってほしい。「全体的に見れば、この一年でずいぶん進歩したわね。この調子でこれからもいい仕事をしてくれると信じているわ」

従業員の業績評価は、適切に行なわれれば、従業員と管理者のどちらにとっても刺激的で励みになる経験になる。この面談は対決ではなく、相互の意義ある意見交換でなければならない。従業員に向上への決意を固めさせ、つぎの年の目標を立てさせて、より生産的で幸福な職場経験をもたらすものにしてほしい。

まとめ

◈準備が結果を決める。準備のなかには技術をみがくだけでなく、人に教えることやあきらめない気持ちをもつことも含まれる。

◆どの仕事にも成果基準を設定する。成果基準はその仕事にたずさわる人間全員が明確に理解し、受け入れられるものでなければならない。
◆従業員に「能力主義評価」を行なうときは、平均的な評価点をつけがちな傾向やハロー効果、ピッチフォーク効果、個人的偏見、直近の出来事などに評価が影響されやすいことに注意する。
◆「成果主義評価」では、あらかじめ定められた期待値に照らして実績を測定する。
◆業績評価の面談を恐れる必要はない。それは有益な、骨折りがいのある経験だ。その機会を建設的にあつかう準備をして面談に臨めば、さらに役立つものになる。
◆面談では成績を話し合う。「人」ではなく「仕事」に焦点を合わせるようにする。問題の改善策は従業員から提案させるようにする。最後に目標を設定し、記録・共有する。

第6章 部下を育てる

リーダーの仕事のなかでも最大の課題は、おそらく部下の一人ひとりを育てて、たがいに切磋琢磨し協力し合う、生産性の高い集団をつくりあげることだろう。そういうチームづくりのエキスパートがスポーツのコーチである。職場のチームのリーダーとして、彼らから学べることはたくさんある。

職場のリーダーの役割は、まずスタッフ一人ひとりの能力を最大限に引き出すことだ。そして組織の目標をつねにチームに自覚させ、それを達成可能にする最新の手法とテクニックに精通させる。彼らが知識を増やし、スキルをみがくのを手助けする。

好例をあげよう。最近入社したボブはもともとベテランのセールスパーソンだ。その腕を見込まれて入社した経緯から、彼は新しい上司が自分を再教育するとは予想もせず、ひと通り商品の説明を受けたら、すぐ現場へ出されるものと思っていた。ところが上司はそんな彼に、まるで経験のない見習いの営業部員と同じように一から徹底した研修を受けることを求めた。ボブはなるほどと思った。彼は高校時代、フットボールの優勝戦を制したエースランナーだった。だが大学のコーチは対戦経験のまったくない新人と同じように彼をあつかい、目を離さずに訓練した。

有能な監督者はいつもこのことを頭に置いて新しい従業員を迎える。その新人がたとえ経験豊富だったとしても、これからはこの会社のやり方で働いてもらわなければならない。それは以前の職場のやり方とは違うかもしれない。経験のない人間には躊躇なく自分の会社の流儀を仕込む上司も、経験者に対してはそれを怠ることが多い。

チームのスキルとやる気を育てる

グループやチームは個人の集まりだ。一人ひとりが自分の役割を果たしてこそ、チームは使命をまっとうできる。役割を果たすには、誰もが自分の仕事に習熟し、やる気に燃えていなければならない。

つぎに記すのは多くのリーダーに役立ってきたアドバイスである。

◆リーダーはスタッフにまず各自の仕事をマスターさせる。従業員は自分の仕事を十分に理解し、専門的な手法でこなせるようになってはじめて職業的成功への道に立つことができる。

リーダーは新しいスタッフに仕事の基礎を仕込むだけでなく、すべてのスタッフが最新のテクノロジーや手法や新しい知識に通じているように目を配る。目下担当している業務に限らず、自分の職種や専門分野全般の知識を深められるように、彼らが自主的に本を読んだり、講座やセミナーに参加したりして学習することも奨励する。そうやってスキルをみがくことによって、スタッフは新しい課題に直面しても、それに対処できるという自信と安心感をもつようになる。

◆訓練のテクニックはスポーツのコーチのやり方に学ぶことができる。コーチであれ職場の上司であれ、まずは入念なオリエンテーションを行ない、その後の訓練を通して何を身につけるべきかを理解させる。これは相手が大勢なら集会を開いて行なってもいいし、個人的な面談でもいい。そのさいにはマニュアルやビデオ映像やテープなどの補助資料を使うのもいい。

インテリア雑貨の卸売り会社でデータ処理部のマネジャーをつとめるエレナは、新人を短期間で一人前の戦力に育てることに定評がある。新入社員が配属されると、初めの数日間はほぼつきっきりで指導にあたる。この最初の訓練のあいだに、部内で使われているコンピュータシステムの基本を徹底的に復習させる。他社でどれだけ経験があろうと、新人であるかぎりこれは変わらない。こうすることで以前の職場で身についた悪い習慣を捨てて、正しいスタート台に立てるというのが彼女の考えだ。

◆訓練に終わりはない。独り立ちした従業員にも訓練はつづけなければならない。どれだけ長くいるスタッフだろうと、彼らを継続的に訓練、再訓練するのは上司の役目である。

成功するリーダーは成績の伸びない部下だけでなく、すべての従業員から目を離さない。スポーツチームのコーチがつねに一人ひとりの選手に気を配り、改善できるところを目ざとく見つけるように、すぐれた上司も部下の一人ひとりを見守り、スキルをみがかせて、さらに優秀な人材へと成長させる。

◆リーダーは訓練について定期的にスタッフと個別に話し合い、またミーティングを開いて全員でも話し合う。スタッフ全員の成績につねに留意し、どんな変動も見逃さないようにして、改善への助言や指導を行なう。

◆さらに上をめざす。チームにはたいていもっといい成績を上げるメンバーがいる。彼らはすでに優秀な働き手かもしれないが、もし力を出し切ってはいないのがわかったら、それを引き出すのもリーダーの務めである。

一例をあげよう。市場開発チームのリーダーであるキャシーは、部下のクリスティンがそんな力を眠らせている人間の一人だと感じていた。そこでクリスティンを呼び、こう話した。「あなたはいつもきちんと仕事をしてくれる。それには満足しているわ。でもね、あなたは本当はもっとできる人だと思うの。もしあなたに力がないなら何も言わない。でも私にはわかるの。あなたはこの会社でも指折りの才能の持ち主よ。ほどほどのところで満足して、上をめざそうとしないだけ。どうかしら、一緒にプランを立てて、あなたにできる最高の仕事をしてみない？」

二人は一緒に目標を設定し、達成のプランを立てた。目標にどこまで近づいたかがわかるような標準も設定した。そして進歩を評価するために、ときどき会って話をした。数カ月もすると、クリスティンはめざましい仕事ぶりを見せるようになり、充実した胸躍る未来に向かって踏み出していた。

◆部下を決定に参加させる。すでに述べたように、スタッフを決定に参加させると、達成への意欲の高まることが知られている。したがって新しい仕事を割り当てるときは、上司がやり方を一方的に決めてスタッフに伝えるのではなく、その仕事をするスタッフと話し合って一緒に手順を決めるほうがいい。仕事のやり方をある程度任せることが、スタッフの責任感とモチベーションにつながる。

◆創意工夫を奨励する。たいていの人間は、自分の提案やアイディアを真剣に取り上げてもらえると、仕事になにがしかの支配力をもっているという気持ちになる。提案をすべて受け入れてもらえるとは誰も期待していないが、真剣に考えてほしいとは誰もが思っている。

リーダーは革新的な考えが生まれる空気をつくってほしい。それによってスタッフは目下のやり方を見直して、改善のためのアイディアを探す機会を与えられる。リーダーは新しいアイディアに対してつねに柔軟でいることである。古い格言は「壊れていないなら直すな」と言うが、これはこのように変えたほうがいい。「いま使われているなら、たぶん時代遅れ」

◆ミスをした部下に、簡単に愛想を尽かしてはいけない。ミスは起きるものだ。そのミスを進歩の道具にすればいい。失敗から学んだ人間は、同じ失敗をしなくなる。

◆チームの全員に自らの仕事を見直させ、あらためて考えさせる。彼らの見解がどれほど急進的なものに見えても、いつでも聴く用意のあることを告げる。

人と話をするときは、じっくりと聴く。退屈そうな素振りを見せたり、「そんなことはわかっている」というような表情を、たとえちらっとでも浮かべてはいけない。

デール・カーネギー

部下のコーチになる一〇の心得

1◆部下の一人ひとりと定期的に話し合い、もっと効率的に働くためにその部下にできることや、上司として手助けできることを探す。

2◆部下の成績がふるわないのがわかったら、正規の業績評価まで待たず、できるだけ早く対策をとって修正する。

3◆部下の一人ひとりについて簡単な進歩の記録をつけ、成功や失敗、改善に関する必要事項をメモしておく。本人の成長に役立つような提案も書きとめる。

4◆部下を訓練するときは、段階を踏んで習得させることを念頭に置く。最初は小さい仕事を与え、だんだんに複雑なものに取り組ませる。

5◆習得の遅い部下は、努力をほめて励まし、仲間に追いつけるように訓練を強化する。

6◆いくつもの目標を一度に与えず、技能を身につけやすいように一つずつ取り組ませる。達成の見通しが立ってから、つぎの目標を立てる。

7◆上司も学習を怠らず、仕事に新しいやり方を取り入れるなどして部下の手本になる。

8◆入手した情報、アイディア、仕事の秘訣などを部下と共有する。記事や新聞の切り抜きを手渡してもいいし、ネット情報をEメールで送っても、思いついたことを口頭で伝えてもいい。

9◆部下にプロジェクトの全体または一部を任せ、上司の指示を待たずとも決定できる権限を与える。

10◆指導しても改善が見られないときは、つぎのように自問する。「指導の目的は何か」「その目的達成のために私は何をしたか」「指導の結果、どのような行動が生じたか」。部下にも同じ質問をして、回答を比較する。

チームをコーチする

昨今は仕事の多くがチームで行なわれるので、メンバーがそれぞれ優秀な成績を上げられるように訓練するだけでは十分でない。同じくらい重要なのが、チーム全体を統制のとれた一つの作業集団にまとめあげることだ。

新しいチームをつくったときは、まずチームの目的について入念なオリエンテーションを行ない、チーム全体として、また各々に何が期待されるかを明確にする。

情報技術チームのリーダー、エリカの例をあげよう。チームに新しいプロジェクトが割り当てられると、エリカは最初の一日か二日を費やして、チームのメンバーと話し合いをする。全員を集めて、また、一人ひとりとも話をする。「このとき時間をかけて丁寧にやればやるだけ成功率が

にする。

手を貸したり訓練を追加したり、必要なことは何でもしてチームの仕事がより効率的に進むように作業全体のプランを立てる。作業が始まると、各々の進行状況を記録につけ、場合によっては高い」と彼女は言う。以前に同様の企画を手がけたメンバーの経験も活用し、全員の協力のもと

◆◆◆ 檄を飛ばす

スポーツチームのコーチが試合の前や休憩中に選手に檄《げき》を飛ばすように、仕事のチームのリーダーも、部下のやる気が衰えてきたら、檄を飛ばして活を入れると勢いを呼び戻すことができる。ただし、有能なリーダーは「やれ！　行け！　がんばれ！」と声をはり上げて激励するだけではない。もっとチームに貢献できるメンバーになるにはどこをどう変えるべきかを理解させ、彼らを励まして、変わるための手助けをする。

檄を飛ばせば、しばらくのあいだはチームを活気づけることができる。マンネリを抜け出すにはそれで十分なことも多いが、もっと持続的な効果がほしいなら、チームに自分たちの進歩をつねに意識させておくことである。大きなプロジェクトが完了したり中間目標が達成されたりしたら、そのつど必ずそれを祝うとか、めざましい働きをしたメンバーをほめるといったことは大事なことだ。

すぐれたリーダーはすぐれたコーチと同様に、自分で自分に檄を飛ばせるように部下を訓練す

る。部下たちの能力を信じ、彼らが自信をつける手助けをすることはリーダーやコーチの重要な役割の一つである。

すぐれたコーチはチームのメンバーから目を離さず、不調なときにも彼らがやる気を失わないようにする。基本を忘れたときは再教育し、勝利したときはともに喜ぶ。彼らの人間性を理解し、そういう要素を活かしてモチベーションを高める指導のしかたを工夫する。期待に応えられないメンバーがいても、簡単にはあきらめない。彼らと真剣に向き合い、チームに課された高い水準まで彼らを引き上げることに全力を尽くす。

職場の上司も部下を理解し、一人ひとりの違いを知ることによってこれができる。くり返し述べてきたように、人は一人ひとり違う。人のモチベーションを高めようとするときの大きな誤りの一つは、誰でも仕事に同じものを求めているという思い込みだ。部下をやる気にさせる言葉や方法も、各々に合わせることが必要になる。やる気のもとになるものは人それぞれ異なる。

優秀なリーダーはすぐれた業績はもちろん、どんな進歩も認めて評価する。特別の何かが達成されればチームをほめ、メンバーが協力し合い一丸となって取り組んでこそ、こうした素晴らしい業績が上がるということを何度も語るだろう。あるマネジャーはプロジェクトの難関を突破したときには、その場でいきなりピザ・パーティーやアイスクリーム・パーティーを開くのを習慣にしている。大きな仕事が無事に完了すると、自宅にメンバー全員と他の関係者も大勢呼んでバーベキュー・パーティーを開く人もいる。

人を批判したり非難したり、小言を言ったりは、どんな愚か者にもできる。しかし人を理解し、ゆるすことには人格と自制心がいる。

デール・カーネギー

ビジョンを信じる

コーチングで最も重要なことの一つがビジョンのあること、すなわち最終的な目標が心にあることだ。それがないと、変化を遂げることの意義が見失われることが多い。この将来の可能性をどう心に描くかが、コーチングを始めるときの最大のステップになる。

コーチングの最終結果を明確に描ける人は、それがない人よりずっと速くその方向へ進んでいく。ただし肝要なのは、コーチする側とされる側の両方が、その目標を「自分のもの」にしていることだ。この当事者意識と達成への責任感がないと、途中でモチベーションが失われるかもしれない。モチベーションと主体性はコーチングのステップが進むにつれてさらに重要な項目になるが、進む方向とモチベーションが本当に確かになるのは、ビジョンが心から信じられるものになるときだ。

◆抵抗を乗り越える

部下を十分に理解できていれば、適切な配置ができたか、モチベーションをもたせられたかといった判断が速やかにできる。これは効果的なコーチングには不可欠なステップだ。職場の変化に対する彼らの姿勢に十分な理解がないと、部下の抵抗を乗り越えることだけに多大な時間を費やすことになる。

部下が変化に抵抗するという話をよく耳にする。彼らが変化に抵抗するのは「必要性を理解できないから」「変わりたくないから」「変わるのは自分には無理だと思い込んでいるから」――これらの理由はどれも正しくない。彼らが変化の必要性を受け入れ、信じ、自分から変わろうと思っていないかぎり、変わることを要求するのは必ず抵抗を招くだろう。有能なコーチは、部下たちが高い業績レベルの達成に対して必ずモチベーションをもてるような空気を職場につくりだしている。

◆必要なものを支給する

有能な上司は部下の訓練に必要なものがすべて確実に利用できるようにする。すなわち時間、お金、設備や道具、情報、上役の熱意と支援、そして何より重要なものとしてその人自身の決意である。

必要なものはすべて確実に用意され、利用できなければならない。何かを約束され、それが与えられないほど腹立たしいことはない。もしそんなことがあれば、まるで失敗しろと言われているように誰もが感じるだろう。

◆長所や改善点を見つけ、進歩を補強する

訓練に入れば、コーチはチームやメンバーの長所や改善の余地のあるところを見つける。この時点で考慮すべきことは、つぎのようなことだ。

◆どうやって成功したいという気持ちにさせるか。
◆どこまできちんと監視し、どこから自由にやらせるか。
◆進歩に対する説明責任をどうやって負わせるか。
◆どうやって進歩を補強するか。

どうやって進歩させるかはべつとして、何らかの進歩があっても、それを補強して定着させる方法がないと、たちまちもとのやり方に戻ってしまうかもしれない。上司がおかす大きな誤りの一つは、部下が何かをおぼえれば、その通りにやってくれると思い込むことだ。人は知っていることをやるのではない。いつもやっていることをやるのである。

コーチングの強化に必要なのは、つぎのようなことである。

- チームやメンバーが新しいスキルを学んだら、それで結果を出させる。
- 適切なフィードバックを与える。
- 状況を追跡する。
- 成績以外の問題に対処する。
- ミスと、遅れをとったメンバーに対処する。

◆褒美を与える

成長や進歩を定着させるのに最もいい方法の一つは、それに報いることである。報いられたことはくり返される。くり返されたことは習慣になる。変化は不愉快なものだ。だから変化を補強したり変化に報いたりしなければ、人はたちまちもとのやり方に逆戻りしてしまうだろう。習慣は知識より強い。報いる方法やほめる方法については第3章を参考にしてほしい。

メンターを育てる

部下を育てる最もいい方法の一つが、経験豊かな職員を新人のメンターにして、指導にあたらせることだ。経験豊かな管理職やベテラン職員が後輩のよき指導者となり、親身になって面倒を見たり、仕事のやり方を教えたりする。こうしたメンターの制度があれば、若い社員は仕事のノウハウのみならず、社内の微妙な人間関係や独自のルールも学べるし、昇進に向かって有利なスタートが切れる。

もし部下全員にメンターがいれば、組織にとって大きな強みになるだろう。リーダーは人に仕事を教える方法を、自分のためだけでなく、メンターのためにも考える。メンターとして指導にあたるためのプログラムを作成し、適任者をメンターに任命すれば、新人を一人前にし、成長させるというリーダーの仕事が大きくはかどることになる。

組織のリーダーは忙しい。チームの一人ひとりのために、ことに新人のためには時間を十分に使えないことが多い。この最良の解決法が、経験豊かな職員を新人のメンターに任命することだ。また、いつも同じ人をメンターに選ばず、適任者の誰もがこの役割を担う機会をもてるようにしたほうがいい。

新人をきちんと指導するには、その仕事に意欲的でなければならない。したがってその気のない人にメンターになることを押し付けるのは、決していい結果にならない。誰もがメンターの仕事に興味があるわけでも、適しているわけでもない。ただ、その役割を避けたがる人が実際には適任者であることも多い。本人に自信がないとか内気なだけだというときは、リーダーがその人と話をして、その任務を引き受けることが本人とチームのどちらのためにもなることを説明するといい。また初めてメンターになる人には、メンターの経験者が指導のしかたを教えるようにする。

メンター制は、メンターになって教える人のためにもなる。教えられる側は当然多くを学ぶだろうが、同様に貴重なのは、人に何かを教えようと思えば、教える人自身がスキルをみがき直さなければならないことだ。また会社の方針や戦略の複雑な迷路を通り抜けつつ新人を導くことで、社員としての自覚や責任感も新たになる。教える相手とのあいだに親密な人間関係を築くこともできる。

メンターになる人への一〇の助言

メンターに任命されたら、助言や指導のしかたについてできるだけ勉強しておかなければならない。優秀なメンターについてもらった経験が自分にあれば、その人を手本にすればいい。そういう経験がなければ、優秀なメンターになっている人を見つけて、その人から学ぶ。

メンターになる人はつぎの一〇項目を念頭に置いてほしい。

1◆仕事について学ぶ

基礎から復習する。これまでに出会った問題と、それにどう対処したかをふり返る。仕事について何を質問されても答えられるように準備する。

2◆会社について学ぶ

メンターの大きな役割の一つは、新人を会社の方針や習慣になじませることである。このとき重要になるのが、メンターが組織の内部事情に通じているということだ。いわゆる「社内政治」といったものは、その組織に長くいる者でなければわからない。

3◆相手を知る

いいメンターになるには「弟子」について十分に時間をかけてできるだけのこと――学歴、職歴、目下の仕事内容、人生の目標、野心、仕事以外の関心事など――を知ることである。性格や人柄も観察する。相手が好むコミュニケーション法にも慣れる。すなわち顔を合わせて話し合うのがいいのか、メモや手紙か、電話か、それともメールを使いたがるのかを知っておく。

4◆教え方を学ぶ

人にものを教えた経験がほとんどないというときは、知っているなかで最もすぐれた指導者のやり方を参考にする。指導のテクニックにかんする本や記事も読む。

5◆自分が学ぶ

メンター自身がつねに学んでいることが大切だ。自分の専門領域の最新テクニックだけでなく、業界やマネジメント分野全般の発展についても勉強を怠らない。

6◆辛抱強くなる

おぼえるのが遅い人もいるが、それは能力がないということではない。もしも指導している相手が、すぐに仕事をおぼえなくても辛抱してほしい。飲み込みが遅くても優秀なスタッフに育つ人はいくらでもいる。

7◆如才なくやる

メンターは新兵に生き残り方を訓練する鬼軍曹ではない。親切に教え、礼儀正しく接する。ただし言うべきことはきっぱりと言い、彼らに高い期待をかけていることを伝える。

8◆リスクを恐れない

新人に力試しになる仕事を割り当てる。たとえ失敗しても難しい仕事に挑戦することが、成長への近道であることを教える。失敗は経験と考える。

9◆成功を祝う

新人の進歩や達成を職場の誰もが誇りに思っていることを伝える。とくに大きな成果を上げたら、大騒ぎをして祝う。

10◆メンターになることを奨励する

メンターにとって最高の褒美は、指導した後輩がやがてメンターとなってその指導を引き継いでくれることだ。

成功する人々は失敗から学び、前とは違う方法でもう一度やってみようとする。
デール・カーネギー

ミスを正す

優秀な社員でも、ときには仕事でミスをする。それを正すのは管理職の仕事である。職場の士気を落とさずに、部下たちにいつも通りのいい仕事をしてもらうためには、恨みを買わないように、また当人が肩身の狭い思いをしたり劣等感をもったりしないようにして事態の修復にあたらなければならない。現状を目の当たりにすれば、落胆したり、うろたえたり、腹が立ったりするかもしれない。だがいまはかんしゃくを起こしたり、怒鳴ったりわめいたりしている場合ではない。ミスが発覚したら、できるだけ早く手を打たなければならない。コミュニケーション能力に自信のない上司がぐずぐずしているうちに、手がつけられないほど問題が大きくなってしまうのはよくあることだ。そこでまた怒りが爆発する。だから早いうちに、すなわち事態がどうにか制御可能なうちに、対策をとることだ。

つぎにあげるのは、ミスを穏便に正すとともに、ミスをした部下を立ち直らせ、将来同じミスが起きないようにするための九つのステップである。

1◆調査

ミスをした部下と話し合う前に、あらゆる情報を入手する。証拠集めではなく、ただ情報を集める。先入観にとらわれず、事実の背後にも目を向け、なぜそのミスが起きたのかをできるだけ理解する。

2◆信頼関係を築く

ミスをした部下と話をするときは、まず相手の気持ちをほぐし、不安をやわらげる。その一つの方法は、何か具体的な事実をあげて相手を正直にほめることだ。一般的なほめ言葉ではなく、その人の行動についてふれるといい。これからもいい仕事仲間でありたいと願っていることを告げ、相手が素直に話を聴いてくれるような下地をつくる。

この話し合いは内密に行なう。相手に恥ずかしい思いをさせたり、人前で面目を失うようなことを言ったりしてはいけない。

こちらの態度で相手の態度も変わる。上司が落ち着いて穏やかに話をすれば、部下もそういう話し方になる。その失敗はささいなもので、容易に取り戻せるとみなしていれば、部下もらくな気持ちで話をすることができる。

3◆問題に焦点を合わせる

事態をうまく修復するのに大事なのが「人」にではなく「問題」に焦点を合わせることだ。「あなたは…」「きみが…」という話し方を避け、問題を客観的に話し合う。悪いのは行動であって、その行動をとった人間ではない。本人の口から事情を説明する機会を与え、その問題についてこちらが知っていることも話す。本人の話をよく聴いて、その人が責任を受け入れようとしているのか、それとも他人のせいにしたり、責任逃れをしようとしているのかを判断する。話し合いの目的は事実と情報を収集して、問題を正確につきとめ、なぜそれが起きたかを判断することだ。相手が防衛的にならないようにし、また結論を急がないようにすれば、異なる構図が浮上して、問題の根本的な原因が見えてくるかもしれない。

部下にネガティブなレッテルを貼ってはいけない。責めるような言い方をしない。たとえば——

「こんな報告書ではぜんぜんダメだ！　安全性にかんする情報がまったく抜けているじゃないか」と言わずに、「この報告書はとてもわかりやすく書けているね。安全性について詳しく書いたセクションがあれば、申し分なかったね」と言う。

「どうしてきみはこんないい加減な数字を平気で並べるんだ！」と言わずに、場合によっては適切な措置についても言及し、こんなふうに告げる。「ここには最新の数字が必要だね。それはジョーが知っているから、今日のうちに彼に連絡をとったらどうだい」。あるいは「X社のメアリーに電話をして、正確な発送日を知らせておいてくれないか」といったふうに。

4◆成績の回復

このステップの目的は、問題を解決して同じミスが再び起きないようにし、ミスをした当人に業績を取り戻させることである。そこには問題の再発を防ぐプランを立てることも含まれる。

ここでの対応は、ミスをした者が責任を受け入れているか、回避しようとしているかで変わる。責任を受け入れている場合は、上司は話を聴き、質問し、助言するにとどめ、事態を修正する方法を彼ら自身に提案させればいい。問題分析と方針決定にも本人を参加させる。

他人を責めたり責任を回避しようとするときは、まずその部下にどのような業績が期待されているかを再認識させる必要がある。責任と説明責任を受け入れるように指導する。

5◆自信の回復

このステップでは「人」に焦点を合わせる。ミスをした者は当然ながら多かれ少なかれ敗北感を抱いており、つぎの仕事に自信をもって取り組めないかもしれない。上司はそういう気持ちの切り替えを手助けする。

ミスをした部下には、彼ら自身の価値と、組織にとって重要な存在であること、上司の支援と励ましがこれからも変わりなく得られることを請け合う。彼らが組織との確かな絆を感じ、全力で仕事に励もうという意欲に燃えて話し合いを終えるようにする。

責任を転嫁したり回避しようとしていた部下も、説明責任を引き受け、会社から何を期待されているかを理解して話し合いを終えなければならない。私たちが彼らの成功と成長を願い、支援を惜しまないつもりであることも理解させる。

6◆離職を防ぐ

一つ前のステップを首尾よく終えていれば、ミスをした部下はおそらくそのあとも職場にとどまり、以前よりもっと献身的なスタッフになる可能性が高い。同時にチーム全体の士気も上がり、絆が強まり、より献身的になり、職場倫理が向上する。

7◆再通告

ときにはミスをした部下が、事態を修復しようとする上司の努力に抵抗したり、問題と向き合うのを拒否することがある。その場合のつぎの措置は、彼らに事実と、その深刻さと、会社の方針と、問題の適切な解決法とをあらためて告げることである。すなわち当人に適切な行動をとるチャンスをもう一度与える。

8◆譴責《けんせき》

ミスや過失のあった従業員が責任を受け入れないときは、重い処分に移る前に、何らかのかたちで正式に注意を促す必要があるかもしれない。ほとんどの組織では、懲戒的な処分を行なう前に踏むべき手続きや従うべき方針が定められている。こうした規定に従うことは、労働組合があるとか、従業員と個々に契約を結んでいる会社ではとりわけ重要になる。こうした譴責の措置のとり方については第9章で述べる。

9◆異動・解雇

ある従業員が特定の業務や企画に向いていないとか、ときにはその部門の仕事の大半に向いていないとわかることがある。そういうときは当人の長所や関心や目標などを調べ、社内にもっと適したところがないか探す必要があるかもしれない。このままでは決して成功できないと彼らが感じるような状況を長引かせるのは、当人にとっても会社にとっても不当なことだ。

業績の向上をめざして指導を試みても成果が上がらないときは、最後の手段としてその従業員を担当の仕事から外す。すなわち異動させるか解雇する。こうした決定をするときには、組織のあらゆる方針と規則に違反しないことを確かめなければならない。

まとめ

◆リーダーの仕事は、チームのメンバー全員に組織の目標を自覚させ、それを達成可能にする最新の手法とテクニックに精通させることである。

◆スポーツチームのコーチがつねに一人ひとりの選手に気を配り、改善できるところを見つけるように、すぐれた上司も部下の一人ひとりを見守り、スキルをみがかせて、優秀な人材へと成長させる。

◆昨今は仕事の多くがチームで行なわれるので、チームのメンバーがそれぞれ優秀な成績を上げられるように訓練するだけでは十分でない。同じくらい重要なのが、チーム全体を統制のとれた一つの作業集団にまとめあげることだ。

◆スポーツチームのコーチが試合の前や休憩中に選手に檄を飛ばすように、仕事のチームのリーダーも、部下のやる気が衰えてきたら、檄を飛ばして活を入れると勢いを呼び戻すことができる。

◆優秀なリーダーはすぐれた業績はもちろん、どんな進歩も認めて評価する。何かが達成されればチームをほめ、メンバーが協力し合い一丸となって取り組んでこそ、こうした素晴らしい業績が上がるということを語る。

◆部下を育てる最もいい方法の一つが、メンターに指導させることである。この仕組みによって若い社員は仕事のノウハウのみならず、社内の動きや人間関係も学べるし、昇進に向かって有利なスタートが切れる。

◆恨みを買わないように、また協力関係も損なわずに従業員にミスを改めさせるには、「ミスを正す九つのステップ」を参考にし、「人」ではなく「問題」に焦点を合わせる。

第7章 部下に仕事を任せる

仕事を任せるということは、上司が部下に果たすべき義務と責任を割り当て、同時にその責任を果たすのに必要な権限も与えることである。上司は成果の基準を設定し、それを伝えることをもって、部下の側に説明責任を発生させる。権限と説明責任とをセットにして義務を割り当て、上司と部下が責任を共有したときに、上司は名実ともに管理者になる。

なぜ任せるのか

上司が部下に仕事を任せる理由はいろいろあると考えられるが、主としてつぎのようなものだ。

◆部下に代行させて仕事の量が減れば、上司は他のより優先性の高いこと、自分にしかできない仕事に専念できる。
◆努力を要する仕事をすることで部下が成長する。
◆部下の技能や好みを活かせる。
◆仕事量を分散させることで早く完了する。

なぜ任せることをためらうのか

部下に仕事を任せることをためらう上司は多い。その理由は主につぎのようなものだ。

◆初めてのことに踏み切るのが怖い。
◆他人に任せても放っておくことができず、あるいは放っておくのが嫌で、結局はいちいち指示することになると思っている。
◆その仕事をちゃんと仕上げられるのは自分だけだと信じている。
◆楽しい仕事を手放したくない。
◆部下の力量が信頼できないので、ちゃんと仕上げたければ自分でやるべきだと思う。
◆他人を教育しているよりも、自分でやったほうがらくで早い。

◆部下のほうが優秀なことが明るみに出て、自分が不要な人間になるのが怖い。
◆他人を訓練、管理、指導する能力に自信がない。
◆人に強制や命令をするのが怖い。「嫌なやつ」になりたくない。
◆人と対立したくない。

管理者として自信をつける

先にあげた任せられない理由の多くは自信のなさから発生する。たとえばポールは、部下があまりいい仕事をすると、自分の立場が脅かされると思っている。「ぼくのやっていることを部下のほうが立派にできることが上に知れたら、このポストを乗っ取られるかもしれない」と。

上司が部下にその地位を奪われることはあるが、たいていはこうした事情によるものではない。というより実際にはこの逆のことが起きている。ほとんどどこの会社でも、管理者のスキルを評価するときは、どれだけ優秀な部下を育てたかが考慮されるからだ。

ポールは管理者の役割を果たしたことを上役から評価されるだろうし、それによって自分の力量もわかって自信がつくだろう。仕事のできる部下を育てれば、自分はその部下に任せたものよりもっと重要な仕事をして、もっと大きなことを達成できる。

それよりもエレンと同じ心配をする人はもっと多いにちがいない。彼女は「部下がヘマをしたら、責任を取るのは私だ」と思っている。管理職にある者は全員、部下の仕事に説明責任がある。彼女が安心して部下に仕事を任せるには、そしてその仕事が正しく行なわれ、必ず予定通りに仕上がってくるようにするには、これから述べるステップに従って代行のプランを立てることだ。

プランを立てて仕事を任せる

何であれ、首尾よくやるにはプランが大切だ。それなのに、部下に仕事を割り当てるのに手間ひまをかけない上司があまりに多い。彼ら自身は何がなし遂げられればいいかをよく知っている。そして部下にそうしなさいと命じれば、その通りに仕上がってくると決め込んでいる。

プランニングはなし遂げるべき事柄について明確な認識をもつことに始まる。たとえその仕事を何度もやったことがあっても、あらためて初めから考え直すことが重要だ。部下の身になってみよう。もしもその部下がその種の仕事を一度も目にしたことがなかったら、何が知りたいだろう？　達成すべき目標、達成に必要な情報、資材、道具、支援の得られるところ、その他その仕事をするのに必要なものをすべて書き出して、まずリストをつくる。

そしてプランニングできわめて重要なのが、誰にその仕事を割り当てるかである。人選にあたっては、仕事の重要度を念頭に置く。それが急ぎの仕事で、管理している余裕もないときは、以前にその種の仕事をしたことがあって、力量のわかっている部下を選ぶ。逆に時間が十分にあって指導もできるときは、未熟な部下に割り当ててスキルをみがく機会にするのが得策だろう。

つぎのステップで仕事を割り当て、代行させる。

◆部下のそれぞれに、その仕事をこなす力がどれだけあるかを判断する。力量のない者に割り当てれば、まちがいなく失敗する。もし適任者がいなければ、自分でやるしかないかもしれない。その場合には、部下を教育することを最優先の課題とし、つぎに代行させる必要が生じたときには、その任務に耐えられる者が必ずいるようにする。

◆部下の訓練、指導、監督、その他の支援に、どれだけ時間と注意力が必要かを判断する。

◆代行させることで、その部下の目下の仕事量がどうなるかを判断する。

◆その部下がべつのプロジェクトにも参加している場合は、どちらを優先するかでもめたりしないように、そのプロジェクトの管理者とあつかい方を決めておく。

◆管理者やリーダーとして進行中の仕事だけでなく、部下の人間的側面にも目を配る。仕事を代行する者がどういう気持ちでやっているかを察し、彼らの成長や進歩につねに留意する。自信をもたせ、励まし、最高の力が発揮できるようにコーチする。

人にどんなことでもさせられる方法がこの世に一つだけある。
それは自分からそれをやりたいと思わせることだ。
デール・カーネギー

任せる仕事を明確に伝える

バーバラはがっかりした。キャロルには何をしてほしいか詳しく説明したし、「わかりました」と彼女も答えた。それなのに、一週間後に彼女が出してきたものは、まるで見当違いのものだった。「こうするように言われたと思ったんです」というのがキャロルの言い訳だ。

キャロルが「わかりました」と答えたとき、バーバラは他の多くの上司と同様に、彼女が本当に理解したと思った。部下が指示を理解したかどうかを確かめるのに「わかりましたか？」と聞いてはいけない。それは無意味な質問だ。自分では何をどうするか理解したと思っているかもしれないが、本当に理解してはいないことが多い。それでも「わかりました」ときっぱり答える。なかには理解できないと言うのが恥ずかしくて、わかりましたと答え、あとで自分でなんとかしようとする者もいる。「わかりましたか？」ではなく「いまから何をするつもり？」とたずねるといい。その答えから部下の誤解や理解不足が判明すれば、その場で直ちに訂正できる。

モートンは腹が立った。上司から告げられた締め切りがまったく非現実的だと思ったからだ。「あの人どうかしてるよ。たったこれだけの時間で、こんな大仕事ができるわけがない。できる分はやるけど、間に合わせようなんて気にはとてもなれないね」

こういう態度だと、モートンの仕事が締め切りに間に合う可能性は限りなく低い。部下の協力を得るには、こちらの求めるものを受け入れてもらうことが肝心だ。それにはその仕事の重要性をまず理解させ、プランニングの段階から部下を参加させることだ。「ねえモートン、この仕事は明日の一〇時までに部長のところへもっていかなきゃならない。どうだろう、間に合わせられるかな?」。このようにたずねれば、モートンはそれが緊急の仕事であることを理解し、誰かに手伝いを頼むことや、残業の許可をもらうことも視野に入れて、上司と一緒に現実的な時間割を組むことができる。

部下に仕事を任せるのが上手な上司は、説明のしかたを工夫して、何をしてほしいかを要領よく部下に伝える。相手が抵抗や疑問や不安をもつことも予想して、それに対応する準備もする。

必要な「道具」を与える

マーサの会社ではある特殊な機器の台数が不足しており、その機器を使える時間を確保するのが難しい。あるプロジェクトを部下の一人に任せたとき、彼女はその手配をするのを怠った。結果としてプロジェクトは頓挫した。マーサには、仕事に必要なすべてのものを部下が確実に入手できるようにする責任があった。それを怠ったことで、プロジェクトに失敗を運命づけてしまったのだ。

部下に与えるべきもう一つの「道具」は、使命をまっとうするのに必要な権限だ。マーティンはあるプロジェクトに厳しい締め切りを言いわたされた。それを守るには、スタッフに残業してもらうことがどうしても必要だった。しかし彼は残業を命じる権限を与えられていなかったので、仕事は思うように進まず、とうとう締め切りを守れなかった。

責任ある仕事を引き受ける人は、事務所であれ工場であれ、他のどんな場所であれ、他の人より目立ち、出世していく人間だ。責任を負うことを歓迎しよう。重大なものでもちょっとしたものでも喜んで引き受けよう。そうすれば成功が向こうからやってくる。

デール・カーネギー

作業プランをつくらせる

着手から完了までにある程度時間のかかる仕事を任せるときは、仕事に実際にとりかかる前に、その部下に作業プランをつくらせる。何をどんなスケジュールでやるかだけでなく、どんなサポートが必要かも記させる。

カレン・エレクトロニクス社の創業者カレンは、社長になって三〇年を機に引退することにした。後継者のフランクは創業者をたたえる盛大なパーティーを思い立ち、その手配を人事部主任のマークに任せた。

パーティーには全国から社の重役や、顧客や、取引先が大勢やってくる。マークはその人たちのために旅行の手配もしなければならない。彼は仕事に手をつける前に作業プランを作成した。パーティー会場の選定、ケータリング業者との交渉、会場の飾りつけの手配、招待状の発送、遠方からの客のための飛行機とホテルの予約……。必要な業務をすべて洗い出し、それぞれの業務の開始から終了までの時間割や、どこでどんな応援が必要かも書き入れて一覧表にした。それを上司であるフランクが見れば、すべてが自分の考えにかなっているかどうかが確認できるし、表に書き上げたことで、作業にたずさわる全員がいつでも進み具合をチェックできる。問題が発生しても、早いうちに手が打てる。

調整ポイントを設ける

たとえ部下に仕事を任せても、上司には管理者として説明責任がある。任せた仕事が正しく期日通りに仕上がってくるようにしなければならない。ところどころに調整ポイントを設ければ、進み具合をチェックできるし、何かがまちがっていても問題にならないうちに対処できる。

調整ポイントは不意打ちの検査ではない。どの時点にするか、その時点で何が期待されるかをあらかじめ決めておく。たとえばその週の金曜日までに仕上げなければならない仕事を月曜日の朝にテッドに割り当てたとすると、彼にこう告げる。「明日の午後四時に打ち合わせをしよう。そのときまでにパートAとパートBを仕上げておいてくれないか」。もしもその打ち合わせで何か誤解が見つかれば、先へ進む前に軌道修正ができる。また調整ポイントを設けるもう一つの利点は、もしもテッドが作業の途中でその日の四時までにはパートBが仕上がらないことに気づいたら、早めに誰かに手伝いを頼めば、スケジュールが遅れるのを防げることだ。

追跡する

上司は部下の仕事に責任があるので、進み具合を「追跡」することは管理上欠くことができない。追跡というのはなかなか注意のいるデリケートな仕事だ。上司はつい細かく指示を出す。部下は上司からつねに仕事ぶりを見張られていたら、自分が信頼されていないような気がするかもしれない。協力的な空気が損なわれれば、成功はおぼつかない。

追跡は協同体制のもとで行なわれるべきである。部下をつねに監視していたり、予告なしにチェックしたりして驚かすのではなく、作業プランに初めから追跡の手順を組み込んでおくことだ。出来上がった作業プランに追跡のプランを上乗せするのではなく、上司と部下が一緒にプランを立てる。プロジェクト全体を見通して、要所要所に調整ポイントを置く。またプロジェクトが一段落つくごとに、上司と実際に仕事をする部下とがミーティングの機会をもち、それまでに達成されたことを検討する。部下も実績について批評したり、これから仕事に取り入れたいと思うようなことを提案すればいいし、上司ももちろん意見を述べたり提案したりする。

こうすることで追跡は協同作業の一つになり、部下にとっては、もっといい仕事をしてその任務を立派に果たしたいという意欲をかき立てられる機会になる。

やっていることをおもしろいと思わないかぎり、成功することはめったにない。

デール・カーネギー

任せるのは放り出すことではない

上司は必要があれば、部下の力にならなければならない。アンドレアにある企画を割り当てたとき、上司のダンカンはこう言った。「いつでも力になるよ。何か問題があったら遠慮なく言ってきなさい」。アンドレアはこれを文字通りに受け取り、自分で問題に取り組もうとせずに、いちいちダンカンのところへたずねにきた。おかげでダンカンは法外な時間を奪われたし、アンドレアがスキルを伸ばすことにもならなかった。

つぎにある部下に仕事を任せたときは、ダンカンはいつでも相談にのるとは言ったが、こうつけくわえた。「問題があったらもってきなさい。だがどうやって解決するかという提案も一緒にもってくることだ」。おかげで部下たちは問題について自分で考え、自分なりに結論を出すようになった。ダンカンは彼らから「どうしたらいいですか?」ではなく、「これでいいですか?」とたずねられるようになった。

任せた仕事が完了したら

仕事をするのに、これが正しいという方法はない。最終的に望ましい結果が達成できればそれでいい。したがって部下のやり方が上司とまったく同じではなかったとしても（十中八九、同じではない）、何の問題もない。

上司として仕事の任せ方がこれでよかったかどうかを自問してほしい。完了までのあいだで、うまくいった点やいかなかった点は何か？　違うやり方があったと思うのはどんなところか？　今後変えるとしたら、それはどんなところか？

部下の仕事ぶりも分析する。彼らはこの機会を活かせたか？　課題を与えられて力を伸ばすことができたのか、それとも難しすぎてもてあましてしまったのか？　彼らがどう思いながらやっていたのか知る手がかりはなかったか？　この機会に賞賛や承認や褒美を通して、あるいはフェアで正直で建設的な批判を通して、彼らを成長させられただろうか？

この経験によって、仕事を任せた部下と上司である自分との関係がどう変わったか、これからどう変わるかも考える。進歩があったとしたら、それをどう発展させたらいいか？　ダメージがあったなら、どう修復するか？

最後に忘れてならないことは、仕事の結果を上に報告するときには、直属の上司である私たちがその結果に最終的な責任と説明責任を負うことだ。上司は手柄や賞賛は、仕事を請け負った者と分かち合う。失敗したときには、その責めをすべて負う。それが人の上に立つ者の務めである。

きちんとしたやり方で部下に仕事を代行させれば、私たち自身の成績が上がる。部下がやるのに適した仕事を彼らが請け負えば、上司はもっと難しい仕事に専念できるからだ。それと同時に管理者として最も大切な役目も果たすことになる。スタッフの力を育てることだ。仕事を任せることは、彼ら自身の成長に不可欠な経験をさせる最良の方法なのだ。

チームに仕事を任せる

仕事によってはチーム単位で動くこともある。上役から複雑なプロジェクトの話があれば、チームリーダーはまずそれをそのままチームにもってかえる。チーム内で話し合い、その仕事をいくつかの部分に分解する。そして各部分をチームメンバーのそれぞれに割り当てる。たいていのメンバーが自分の最も得意とする領域を担当したがるだろう。もしも二人が同じ領域を希望したら、当人同士で話し合わせる。話がもつれるようならリーダーが介入し、穏便に解決する。「ボブ、この前のプロジェクトではきみがリサーチを担当したね。今回はリズにチャンスをやろうじゃないか」

どんなプロジェクトにも、厄介な仕事になることが初めからわかっているような部分があるものだ。そういう仕事は誰も買って出ないかもしれない。そういう難しい仕事を公平に割り当てられる仕組みをチームにつくらせるといい。

そしてチームのメンバーの誰もが自分のやるべき仕事にくわえ、他の全員の仕事を知っているようにする。他の人がいま何をしているかを知っていれば、誰にどんな手助けをしてあげられるか、誰からしてもらえるかがわかる。

そういう情報を全員に行きわたらせるには、一枚の大きな分担表をつくり、仕事と担当者、締め切り、その他必要な情報をすべて書き入れる。それをオフィスの目につくところに貼っておけばいい。

まとめ

◆仕事とそれに関連する義務を部下に任せるときは、それらを果たすのに必要な権限も与えなければならない。

◆任せるためのプランを立てる。部下の力量や現在抱えている仕事量、彼らの成長や進歩にも留意する。

◆任せる仕事の内容を部下に明確に伝える。仕事を進めるのに必要なすべての道具を与え、部下に作業プランをつくらせたら、途中で調整ポイントを設け、進行をチェックする。

◆チームに仕事を任せるときは、チーム内で話し合いをし、その仕事を分解して担当者に割り当てる。一枚の分担表をつくり、他のスタッフが何をしているかについて情報を共有する。

第8章 創造性を開発する

「少ないコストでよりよく、より多く、より速く」が合言葉のような今日だ。世の中の変化についていくには、また変化を先取りするにはどうしたらいいのだろう？

問題なのはどう変わるかだけではない。変わるスピードがまた問題だ。周囲の変化は速くなる一方なのだから。これは組織の今後にとっても大きな問題である。

まったく新しい製品や画期的な新システムを生み出す、あるいは既存のものを大きく進化させるといったいわゆる創造的な能力については、さまざまな方法で長年研究されている。何が人間を創造的にするか解明しようとしている研究者もいるし、創造性を刺激して開花させるような環境を研究している人もいる。もちろんその一方には、まだ誰も見たことがないような製品やサービスの開発に没頭している人がいる。

人は何百年も前から創造のプロセス――独創的な思考を働かせ、先入観にとらわれない、まったく型破りな方法で問題を分析していく一連のステップ――に興味をそそられてきた。近年、社会科学と行動科学の新しい研究によって神秘のベールがはぎ取られ、多少の論理力や分析力や試行錯誤があれば、誰でも革新の本質をつかんで、それを多様なかたちに表現できることがしめされている。

こうした認識に刺激を受けているのが、世界中の経営者や管理者だ。彼らは従業員の創造力と問題解決力を育てることが、企業に途方もない利益をもたらすことを知っている。創造的な思考力、すなわち問題を新しい革新的な方法で分析する能力は、組織のなかに、あるいは自分自身のなかにも育てられるスキルとして最も貴重なものと考えられている。昨今の競争の激しいビジネス環境においては、創造性は生き残りを左右する重大問題だ。

思考のメカニズム

人間の思考メカニズムは、二つの要素で成り立っているとされる。一つは自由で束縛されない創造的思考、もう一つは分析的、批判的な思考だ。

アイディアをどんどん生み出すような創造的な思考過程は「青信号思考」とも呼ばれる。この思考の特徴は、アイディアの「質」ではなく「量」にある。

一方、批判的な思考は、生み出されたアイディアを分析、評価する。このプロセスは「赤信号思考」と呼ばれ、アイディアの「質」が問題になる。青信号思考と赤信号思考は別個の思考過程で、どちらも大切で役立つが、同時に働くことはできない。他人からアイディアを提示されると、私たちはたいてい頭に赤信号を点灯する。そのアイディアが役立つものか役立たないものか、どんな結果をもたらすものかを判断しようとして批判的に考えるからだ。

これは他人のアイディアに対してだけ起きることではない。私たちは自分に対してもこの思考を働かせ、自分自身の考えをそう簡単には受け入れまいとする。それは私たちのほとんどが、批判的な思考力を育てることを重視する教育や制度のなかで育ってきたからだ。つまり判断や比較、評価、正誤の区別をつけるなどの能力を培うことに力を注いできたわけで、おかげでほとんどの人が自分自身の創造的な能力の大きさを知らない。じつをいえば、人は誰でもこの領域の能力を秘めている。そしてそれを比較的容易に、ずっと大きく伸ばすこともできる。私たち自身の創造的な力に自信を失ってはいけない。

変化に対してつねに心を開いてほしい。変化を歓迎し、変化を求めよう。自分の意見と考えを問い直すことでしか人は進歩できないのだから。

デール・カーネギー

誰でも創造的である

人は誰でも創造的なのだ。残念なことに、大切にあつかわれれば容易にあふれ出す創造性の果汁が、たいていは遮断される。子供のころから過度の分析と社会の慣例に従うことを、権威によって押し付けられてきたからだ。創造性はつねに赤信号思考に妨害される。「それはムリだ」「会社の方針に合わない」「そういうやり方はしたことがない」といった言葉によって。もし新しいアイディアに出会ったら、それに背を向ける理由を探さずに、心を開いて見つめることだ。まず青信号のスイッチを入れる。もっと先まで追いかける。固定された常識の向こう側まで考えをどんどん広げることだ。

ゲーリーはあるアイディアについて悩んでいた。いつものやり方を少し変えるだけで能率がぐんと上がる方法だ。これを上司に話すべきか？ 前回の提案はつっぱねられた。「そんなものはうまくいかない」と言われ、説明さえさせてもらえなかった。もうあんな目に遭うのはごめんだ……。

たとえ拒絶されるとわかっていても、自分のなかからわいてきたアイディアを粗末にしてはいけない。あきらめて黙り込むのは簡単だが、アイディアを出しつづけないかぎり、創造的な能力は閉じ込められたままになる。革新の力は、つねに使うことによってしかみがかれないのだ。私たちは他人にどう受け取られるかを心配して、自分の考えを検閲しようとする。自己検閲は、人から批判されるよりずっとたちが悪い。自分には何の力もないように感じられてくるからだ。そのアイディアはまちがっているかもしれない。役に立たない提案かもしれない。上司や同僚から笑い者にされるかもしれない。だが、だからといって自分を引き止めてはいけない。アインシュタインもエジソンも、何度も笑い者にされた。創造的なアイディアがわき上がるのを抑えられなかったからだ。

拒絶を恐れないように。すべての思いつきが役立つとはかぎらないし、追求する値打ちがあるともかぎらない。だが少なくとも、そのアイディアについて考え、人に話して、成り立つかどうかの可能性は探らなければならない。もしも拒絶されたら、その理由を教えてもらおう。落胆するにはおよばない。どれだけいいアイディアでも、特定の用途に合わないとかタイミングが悪いということがある。それは決してそのアイディアがすぐれていないという意味ではない。また拒絶されても、自分が侮辱されたと解釈してはいけない。拒絶されたのはアイディアであって、私たちではない。

創造的になる方法

自分が創造的だと心から思っている人はあまりいないだろう。創造性というのは芸術家や発明家や天才的な人たちだけがもっている特別な才能のようなものだと、いままでずっと教えられてきたからだ。これは真実ではない。創造的な思考は開発できることが心理学者によって証明されている。誰にでも実行できて、もっと創造的になれる方法をここでいくつか紹介しよう。

◆観察する

創造的な人間になるのに、まったく新しいことを思いつく必要はない。身のまわりを観察して、学んだことを他の状況に応用する。ただそれだけのことで、新発明をするのと同じくらい創造的になれる。

フーパー・スティール社で主任をつとめるスタンは、街のガソリンスタンドが最近つぎつぎとセルフサービスに変わり、オイル交換の設備がなくなってきたことに気がついた。その代わり「スピードオイル交換」のスタンドがあちこちに出現している。スタンはそのスタンドの一つを自分で利用して、その速さと仕事の質にびっくりした。

長年フーパー・スティール社では、自社トラックの定期オイル交換をディーラーに頼んでいる。これには二人の従業員が必要になる。トラックをディーラーまで運転していった者をいったん社までつれて帰るために、もう一人がべつの車でついていくからだ。まる一日トラックをあずけ、夕方にまた二人で引き取りにいかなければならない。

「会社のトラックだってスピードオイル交換のスタンドを使えばいい」とスタンは考えた。するとどうなるか。スタンドまで運転していった者がオイル交換がすむのを三〇分ほど待って、また運転して帰るだけでよくなる。スタンはこのやり方で時間と人件費のムダをなくし、月に一六〇〇ドル節約した。トラックもほぼ一日中使えるようになった。

◆◆◆ 変形する

既存のありふれた商品やコンセプトを少しだけ変えて、何かまったく違うものを生み出せないか？　シンク・ビッグ社の創業者は、ふだんよく目にするもののサイズだけを巨大化して、斬新な商品をつくりだした。超特大のエンピツやメモ用紙、動物のぬいぐるみ、家具などが、宣伝広告用品や装飾用品、おもちゃとして大ブームを巻き起こし、まったく新しい需要を開拓したのである。逆もまた真なり。今日のコンピュータとＩＴ産業の発展には、デバイスをミニチュア化、モバイル化するという「変形」が寄与した面が大きい。

◆◆◆ 捨てる

ジルは腹が立った。営業部員が書いて提出しなければならない書類がまた一つ増えたのだ。こんなにたくさん書類を書かせて、いったいいつ外回りに行けというのだろう？　営業課長に苦情を言いにいくと、彼女は肩をすくめて「だって上からのご要望だから」――。

ジルは提出の必要な書類をすべて取り出して机の上に並べ、それぞれどんな情報が要求されているかを分析した。すると一目瞭然、どの書類でも同じデータが求められているではないか。ジルは愚痴を言うのをやめて、その代わりに書きやすくて、経営管理に必要な事実をすべて提示できる新しい書式を設計した。この新しいフォームは営業部員の仕事をずっとらくにしただけでなく、会社にとっても時間とコストの節約になった。もう一つよかったことは、これをきっかけに会社がすべての書類の見直しと改訂に踏み切り、時代遅れの文書や不要な報告書をいくつも廃止にしたことだ。

これらは創造性が引き出されたほんの数例にすぎない。想像をふくらませること、視野を広げること、そして決まりきったやり方をやめることで、私たちはずっと創意豊かになり、難問を解決したり、わくわくするような新しいアイディアを見つけたり実行したりするようになる。これは会社の利益になるだけではない。自分のアイディアが現実になるのを目の当たりにできる。この達成感は途方もないはずだ。

遠くまで行けた者は、たいてい自ら行きたいと思い、思い切って行ってみた者だ。安全第一にしていたら、船は岸から離れられない。

デール・カーネギー

ブレーンストーミング

創造的な人間と聞くと、たいていの人がビル・ゲイツやスティーヴ・ジョブズのような、大好きな仕事に没頭して、誰も思いつかないようなことを考えたり発明したりする人たちのことを頭に浮かべるだろう。しかし実際には、創造的なアイディアは大勢が一緒に仕事に取り組むなかから生まれることが多い。おたがいを刺激し合い、豊かにし合うやりとりがアイディアを誘い出すからだ。

昔から「三人寄れば文殊の知恵」といわれるし、じっさい何かを考えるには頭数が多いほうが有利なことはくり返し証明されている。大勢が意見を出し合う委員会や会議も、問題解決に役立ってきた。

そのさいの効果的な手法の一つがブレーンストーミングである。一つのテーマに対してできるだけ数多くのアイディアを手に入れられるテクニックだ。ブレーンストーミングがふつうの会議と異なるのは、アイディアを引き出すだけが目的だという点である。すなわち「青信号思考」に徹底することである。

ブレーンストーミングを最大限に活かすため、「赤信号思考」は禁じられる。だから参加者は誰が何を言っても、批判も分析も拒絶もしてはいけないし、賛成してもいけない。その意見がどんなにばかげていても、つまらなくても、素晴らしいものに見えても、価値判断をしてはいけない。

ブレーンストーミングの心理学的原理はトリガー効果と呼ばれる。ある案が聴き手の頭のなかでべつの案の「引き金」を引く。ばかげた案がべつのすぐれた案を誘い出すことがある。すなわちブレーンストーミングでは参加者が自由に考えることが奨励され、自分の意見が人からどう思われるかを気にせずにすむので、好き勝手に思考をふくらませることができ、それが価値あるアイディアへの道を開くというわけだ。

ブレーンストーミングではふつう一つのテーマに取り組む。テーマは参加者に前もって通知される。リーダーは冒頭でその日のテーマをあらためて告げたら、他のメンバーと一緒になって参加する。アイディアはみんなによく聞こえるように大きい声で発表をし、ホワイトボードに書き留めていく。アイディアに賛成も反対もしない。自由奔放であればあるほど、無謀であればあるほどいいアイディアとする。他人のアイディアに便乗するのも、もちろん大歓迎だ。この会議が成功かどうかは提出されたアイディアの数で測られる。ブレーンストーミングが完了すると、提出されたアイディアが見直され、吟味され、分析される。ここでやっと赤信号思考が始まるというわけだ。

ブレーンストーミングは長期的な目標を設定するとか一般的な方針の決定にはあまり向かないが、具体的な問題の解決にはきわめて効果的だ。とくに功を奏するのは新商品のネーミング、新しい販路の開拓、退屈な仕事をおもしろくしたいとき、型破りで斬新な方法で商品やサービスを売りたいときなどである。

他社から学ぶ

うちの会社はよそとは違うから——この文句をこれまで何度耳にしたことだろう。多くの会社が自分たちは独特だと思い、アイディアもシステムも仕事の手順も、自分たちでつくり出さなければ自社のニーズを満たさないと思っている。もちろん会社にはそれぞれ独自の文化があり、個性がある。それでも他の会社から学べることは多い。たとえ業種が違っても、手本にできることがたくさんある。

◆◆◆マンネリを抜け出す

長年一緒に働いている仲間は考え方が似る傾向があり、誰かの出したアイディアが批判も分析もなく、グループの全員に受け入れられることがある。

長年ゼネラルモーターズの社長をつとめたアルフレッド・スローンは、あるときそのことを悟った。そのころ会社はある大きなプロジェクトに乗り出そうとしており、スローンを含めて重役全員がそのプロジェクトに賛成だった。ところがいざ着手という段になって、スローンは何かが気になりだした。どこか腑に落ちないところがある。そこで、もう一度よく考えてみようと重役陣に告げ、よその会社が同様のプロジェクトでどんな問題を抱えたかを調査させた。計画は何カ月も棚上げになった。

調査後に開かれた会議では、以前にはまったく見落とされていたたくさんの問題が浮かび上がった。そして無批判に実行されていたかもしれないプランは、真剣に練り直された。

あなたに必要なのは、どちらが自分らしい考え方かを見つけることだ。そして、そのやり方でやりなさい。

デール・カーネギー

ベンチマーキング

ＴＱＭ（総合的品質管理）と呼ばれる品質管理法がある。製品や物づくりだけでなく、サービス、経営、業務全体の質を向上させるのに効果的な手法である。その基本的原理の一つは、目標達成に役立つアイディアを他の組織から遠慮なく探し出して、繁栄をめざそうということだ。マルコム・ボルドリッジ賞――すぐれた企業経営に対して米国政府から与えられる最も権威ある賞――の参加者に要求されることの一つは、その賞の獲得につながった手法やテクニックを、関心のあるすべての団体に公開しなければならないというものだ。この他社を手本にするやり方を「べンチマーキング」と呼ぶ。

競争相手から学べるか

成功した会社が、その成功の秘訣を競争相手に喜んで教えるのかという疑問がわくかもしれない。たしかに企業秘密は公開しない組織が多いものの、競争相手以外であれば「秘密」にされていないことも多く、汎用性の高い措置や方法を探すことができる。

ホセはフロリダで小さな機械修理の工場を営んでいるが、業績は思わしくない。羽振りのいい同業者からアドバイスをもらいたいところだが、相談すれば笑い飛ばされるのはわかっている。同業者が、自分を出し抜くかもしれない競争相手を助けるはずがないのだから。

やがてホセは自分にとって手本となるのは、直接の競争相手だけではないことに気がついた。業界誌によれば、彼が抱えている問題の多くをアラバマの小さな町工場がみごとに乗り越えている。彼らは競争相手ではない。おそらく同業者よりはずっと快く自分たちのやり方を教えてくれるだろう。電話をかけてもいいし、もっといいのは、おそらくその工場を訪ねて、直接教えを請うことだ。

異業種に手本を求める

業種が違っても共通点がないわけではない。仕事がまったく違うのに似たような悩みを抱え、それをうまく解決している会社であれば、快く救いの手をさしのべてくれる可能性がある。

ニューヨーク近郊の町で空港の送迎サービスをしている会社が、利用者のこんな苦情に悩まされていた。「迎えを頼みたくて電話をかけてもなかなかつながらない。九回か一〇回ぐらいベルを鳴らしてやっと受付係が出ても、『しばらくお待ちください』と言われて何分も待たされる。ようやく配車係につながったかと思えば、こんどは迎えの方法についていくつも質問に答えなきゃならない。こっちはもう何度もおたくの会社に頼んでいる。なのに、どうしていつも初めから同じことを答えさせられるのか」

経営者は同様の送迎サービスをしている会社に助けを求めたが、どこもまったく同じ問題を抱え、解決できずにいた。格安でサービスを提供しているのだから、利用者に多少待ってもらうのは仕方がないと考えているところもあった。

そんなとき、一人の従業員が経営者にこんな話をした。「以前アウトドア用品を注文するとき、ぼくも同じ目にあっていました。L・L・ビーンという有名な通販会社です。やはり電話がつながらなくて、つながったらつながったで住所からクレジットカードの番号からサイズから、毎回同じことを答えさせられる。それがいまではコールセンターに電話すると、そういうことがみんなコンピュータでわかるようになっているんです。すぐにつながるし、名前と電話番号を言えば、あとはほしいものを言うだけ。ほんの一、二分ですんでしまいます」

経営者がL・L・ビーンの重役に面会を申し入れると、重役は喜んで会ってくれ、その会社が使っているコンピュータ・システムについて説明してくれた。それから数カ月後には、彼の会社にも同じようなシステムが導入され、長年の問題はみごとに解消された。

二年後、経営者はさらに先進的なシステムが開発されたことを知り、自社のプログラムを改良した。電話がかかってくると、受話器を取る前に発信者の番号で発信者が識別される。するとコンピュータが自動的にその顧客のファイルを開き、必要な情報のすべてが瞬時にスクリーンに写し出される。

従業員にベンチマークさせる

他社から学べるのは経営者や重役だけではない。従業員にもスキルの向上に役立つように、他社の同じ立場の人たちがどんな仕事をしているかを学ばせるといい。

市場調査を担当しているメリッサは、米国市場調査協会の地域支部の会合に欠かさず出席している。あるとき、席が隣になったアンジェラと知り合いになり、彼女が取り組んでいるプロジェクトにメリッサの知らない新しいシステムが使われていることを知る。メリッサがそのことをたずねると、アンジェラは自分のオフィスへそのシステムを見にくるようにメリッサを誘ってくれた。メリッサは上司に相談してアンジェラの職場を訪ねる許可をもらい、勉強させてもらうことにした。おかげでメリッサは自分の仕事の新しい手法を身につけることができ、それまでよりずっと会社に貢献できるようになった。

問題を自力で解決するのはとても満足感のあることだし、そういう努力をおろそかにしてはならない。だがその問題を抱えているのは、この世で私たちだけではないはずだ。他の人たちがどう対処してきたかを調べたり、成功している会社や人々に助けを求めれば、多大な時間と労力が節約されるうえに、私たちや私たちの会社を業界のトップに押し上げてくれるような画期的な解決法が見つかるかもしれない。

新しい環境に飛び込む

自分の境遇に満足してしまうと、伸びるものも伸びなくなる。エミリーは自分の仕事に満足していた。重役の秘書という地位につき、経営幹部のオフィスで働けることが誇らしかった。だがエミリーには、その職に必要とされるよりずっと能力があった。マーケティング分野で修士号を取得していたし、しばしば独創的な提案をして上司に採用されていた。

ある日、大学時代の恩師の一人から電話があった。「友人が新しい会社を立ち上げて、マーケティング・マネジャーを探しているから、きみを推薦しておいた」という。

エミリーは嬉しかったが、その申し出をこう言って断った。「いまの仕事に満足していますので、新しい会社に入るのはリスクが大きすぎます。うまくいかないかもしれませんから」

たしかに新しい事業は成功しないかもしれない。だがもし成功すれば、創業メンバーの一人として苦労したであろう彼女は、いまの職では考えられないほど大きな褒美を手にしたはずだ。冒険しなければ失敗の辛さは免れる。しかし勝利の喜びも、決して味わうことはないだろう。

堂々とわが道を行く

テレサはわくわくした。仕事上の大問題を解決できそうな方法を思いついたのだ。さっそく上司に見せにいくと、鼻で笑われた。「こんなことがうまくいくわけがない。もう一度考えて、出直してくるんだね」

こういう拒絶に遭って引き下がってしまう人もいる。だがテレサにはその案がきっとうまくいくという確信があった。考え直したり手直ししたりしてこつこつと改良を重ね、ついに上司にそのアイディアの価値を納得させた。「よし、試してみよう!」と上司は言った。

発明者や革新者は必ずといっていいほど、あざけりを浴びる。ポリオ・ワクチンの開発に没頭したジョナス・ソークは、見当違いのことをしていると何年も言われつづけたし、エジソンも電球の発明に成功するまで何百回も失敗した。たくさんの疑いの目と、数限りない失敗と落胆とを喜んで乗り越えることができなかったら、やがて大発明家となる彼らとて目標を達成できなかったにちがいない。

恐れずに異議を唱えよ

グループのなかで孤立したり少数派になったりしそうなときは、たいていの人が他の大勢の意見に反対しようとしない。もし反対すれば、きっとみんなからばかにされたり白い目で見られたりするだろう。反論は腹におさめ、ここは周囲に同調しておくのが得策だというわけだ。だがもしも、その場の人々が何か大事なことを見落としているという確信があれば、反対されるリスクをおかしても自分の信じることを述べ、証明する努力をするべきだ。

最悪の事態を覚悟する

デール・カーネギーは著書『道は開ける』のなかで、困難にみまわれたときのためにこんなアドバイスをしている。「起こりうる最悪の事態は何かを自問しなさい。そしてその最悪の事態を受け入れる覚悟をする。それから、その最悪の事態が、少しでもよくなるような努力をする」

高校二年生のエリオットは、バスケットボールのチームに何がなんでも入りたかった。だが入部テストを受ける他の生徒は、みんな彼より背が高い。友達にはこう言われた。「悩む必要なんてないだろう。受かる可能性はゼロなんだから」

エリオットはこの状況にカーネギーの原理を使ってみることにした。起こりうる最悪の事態は何か？「それは入部テストに落ちることだ……。でもいまチームに入っているわけじゃないから、ダメでもともとじゃないか」。最悪の事態を覚悟する。「落ちたらきっとがっかりするだろうな。だけどそれで人生が終わるってわけじゃないし……」。最悪の事態が少しでもましになるように努力する。「そうだ、コーチに頼んでチームの裏方にしてもらおう。記録係でもいいし用具係でもいいじゃないか！」

入部テストに落ちる覚悟をすることで、エリオットはチームへの扉を開いた。たとえ選手にはなれなくても、チームに貢献できる。それはいままで一度も考えたことのないことだった。

まとめ

◆創造的な思考力、すなわち問題を新しい革新的な方法で分析する能力は、私たちが組織のなかにも、また自分自身のなかにも育てられるスキルとして最も貴重なものと考えられている。

◆解決法を探すには、まず「青信号思考」を働かせて、新しいコンセプト、アイディア、手法を見つけ出す。そのあと「赤信号思考」のスイッチを入れ、それらを分析し評価する。
◆誰にでも実行できて、もっと創造的になれるコツ
・身のまわりを観察して、そこから学んだことをべつの問題の解決に利用する。
・新しい状況に合うように、いまある製品やコンセプトをちょっと変える。
・いままでのやり方や手順を考え直し、べつのやり方を探す。
◆アイディアが数多く必要なときは、ブレーンストーミングをする。
◆他社や他の組織が似たような問題をどう解決したかを学び、自社の業績向上に役立てる。
◆最悪の事態を覚悟することで新たな道が開ける。新しい環境に飛び込むことを恐れず、反対や拒絶に遭ってもわが道を行く。

第9章 プロのリーダーになる

リーダーや管理職に昇進したからといって、すぐれたリーダーになるスキルやテクニックが自動的に身につくわけではない。そういったものは獲得していかなければならない。その第一歩は、部下たちに尊敬されることだ。

リーダーの仕事のプロになる

プロの仕事をする人間を人は尊敬する。これは上司が部下のしている仕事を彼らより上手にできなければならないという意味ではない。それどころか管理職として地位が上がれば上がるほど、部下のしている仕事はうまくできなくなる。社長はおそらく会社で使っている機器やコンピュータシステムを全部は使いこなせないだろう。管理職に求められるのは仕事をしている人間を監督するという、いままでやってきたこととはまったく異なった仕事だ。そして監督する仕事をプロの手腕でやる上司を部下は尊敬する。

◆部下を公平にあつかう

部下を公平にあつかわなかったら、尊敬されないどころか恨みを買うだけだろう。これは全員を同じようにあつかわなければならないという意味ではない。人間は一人ひとり違う。すぐれたリーダーはその違いを知り、それぞれの個性に合わせたあつかい方をする。

> 人と友達になり、その人の意見を動かす確実な方法は、その意見に十分耳を傾けて、自分は重要な人間だという相手の気持ちを後押しすることだ。
>
> デール・カーネギー

◆部下の味方になる

他のチームや部署とのあいだにもめごとが起きたときは、リーダーはたとえ自分の立場が悪くなっても部下の味方になることだ。

ケアリーのチームは、同僚であるスタンのチームの資料をつくることに全力をあげていた。だが新しいソフトウェアがトラブルを起こし、締め切りに間に合わない。そこへスタンが怒鳴り込んできた。「困るじゃないか、うちのチームはきみのところからデータをもらわないと、仕事が一つも進まないんだよ。コンピュータが動かないなんて言い訳が通用するとでも思っているのかい!」

ケアリーは同僚を敵にまわしたくはなかった。だがスタッフが必死でデータをつくろうとしているのを知っているし、コンピュータのトラブルは本当のことだ。ケアリーはスタンにこう答えた。

「早くデータを出したいのは私たちも同じよ。でもコンピュータが動かないのは本当で、言い訳なんかじゃないの。いま専門家に来てもらったから、今日中には直るはずよ」

◆ほめる

部下がいい仕事をしたら、上司は必ずほめなければならない。その仕事を評価していることを伝える。また上司が最もしてはならないことの一つは、部下の業績を横取りして自分の手柄にすることだ。

◆話をよく聴く

話をよく聴かないかぎり、いい人間関係は保てない。聴くといっても、ただ相手の前に黙って座っていればいいわけではない。「積極的な聴き手」になることが大切だ。

積極的な聴き手は、聴いたことについて質問をする。「つまり……ということですね？」と自分の言葉で言い直し、正しく聴き取ったかどうかを確認したりする。上司が真剣に話を聴いてくれることがわかれば、部下は自分が尊重されていると感じ、その気持ちが上司への敬意につながる。

◆部下をサポートする

リーダーは部下の仕事が滞りなく進むように、テクニックやコツを教えたり、必要な道具を与えたりして支えなければならない。部下が問題を抱えたときは、上司はたとえ自分が残業しても、あるいは他の仕事を後回しにしてでも時間をつくり、相談にのったりコーチしたりする。そして部下に自分たちはチームの重要なメンバーだという気持ちをもたせる。

リーダーがおかしがちなミス

人を監督することは容易ではない。とくに管理職に昇進したてのころは、何かとまちがえることが多いだろう。リーダーがおかしがちな失敗と、どうやってそれを避けるかを検討したい。

◆◆◆順調なすべり出しを心がける

初めて管理職についたときは、出だしが肝心だ。出だしが順調かどうかがその後何カ月にもわたって職場の空気に影響する。昇進のさいには、おそらく職場のなかにその地位を競り合っていた相手がいるだろう。リーダーとして成功するには彼らの協力が不可欠だ。

彼らの不満をあおりたくないなら、管理職に昇進したことを自分の口から告げることはやめたほうがいい。そのことを決めた上役から告げてもらう。上役は昇進を逃した同僚にこんな説明をするだろう。

「トム、今回の昇進に候補者が三人いたことは知っているわね。三人とも資格は十分なのに、ポストは一つだから難しい選択だったわ。結局スーザンを選んだけれど、これはあなたが力不足だということではないの。ただスーザンは新しい機器に相当な知識があるでしょう。彼女ならこの職場をより早くより生産的にできると思ったの。この会社はいま発展の途上だから、これからいろいろチャンスがあるはずよ。あなたは必ず候補になるわ。だから今回はどうかスーザンを助けてあげて。そしてみんなで最高の職場にしましょう」

スーザンのほうも初日にミーティングを開き、「今日から私が課長です。これからは私のやり方でやってもらいます」というようなことを言ってはいけない。これでは人と友達になることも、人を動かすこともできない。ミーティングを開くのではなく、スタッフの一人ひとりと個別に話をする。自分の考えを話し、相手の考えも聴く。そして協力を求める。「私一人では何もできないわ。チームが一つになって努力しなくては。だから、あなたの助けが必要なの」

初めてリーダーになったときは、職場のやり方をいますぐ変えたいとか、根本から変えたいといった気持ちに駆られるかもしれない。これは危険だ。一度頭を冷やす必要がある。変化は「革命」ではなく「進化」であるべきだ。

◆◆◆部下との友達づき合いに注意する

上司は部下とどこまで「友達づき合い」を許されるのか。部下と親密になりすぎると、必要な支配力を振るいにくくなる。かといってまったく打ち解けないのは反感を買い、協力を得られなくなるかもしれない。ほどよいところを見つけるのはなかなか難しい。

データ入力部のマネジャーに昇進したバーバラには一〇人のスタッフがいる。そのうちの三人とはずっと仲のいい友達だったが、いまや上司と部下の関係だ。さて、どうつき合っていくべきか。

バーバラは三人とずっと友達でいたかった。しかし他のスタッフが三人にやきもちを焼いて、バーバラがえこひいきにならないようにいくら気を配っても、たびたび悪く解釈されることがあった。

悩んだバーバラがあるベテランマネジャーに相談すると、その人はこう言った。「会社に入ってからいちばん辛かったのは、昇進したときに以前の同僚と個人的につき合えなくなったことだ。それは仕方のないことなんだ。とはいっても、いきなりそうしないほうがいい。様子を見ながら、少しずつ距離をとっていくことだ。会社帰りのつき合いやランチの機会を徐々に減らす。そして他のマネジャーと食事に行くようにする。初めのうちはもとの友達も気を悪くするだろうし、きみも後ろめたいだろう。だがこれをやらないかぎり、職場をうまく仕切っていくことはできないし、この会社で上へ行けるチャンスも減るだろう」

◆◆◆ 部下の才能を認識し、活用する

クローディアには創意工夫の才があり、チーム全体の仕事がずっと効率的になるようなアイディアをたくさんもっていた。だがリーダーのカーラは、何事にも「いままで通りのやり方」を主張する。そして、チームの成績が悪いことを上役にとがめられたカーラはこう言い返した。「私のせいではありません。スタッフにやる気がないんです」

カーラがクローディアや他のスタッフの才能を認識して活用していたら、生産性も上がっていただろう。スタッフもやる気を発揮し、ずっといい結果になっていたはずだ。

難しい部下に対応する

たいていの組織に一人や二人は必ずいるのがネガティブな考え方の人間だ。新しい提案には理由を見つけて反対し、何かにつけ人と対立する。そういうネガティブな人間がもたらす最大の問題はつぎのようなものだ。

◆変化を妨げる

「変わる」ことにはふだん前向きな姿勢の人でも抵抗がある。何事もいままで通りのやり方でやっていくほうがらくだからだ。それでも前向きな人は、すじみち立てて説得すれば変化を受け入れる。ネガティブな人間は、ただ抵抗するために抵抗する。議論は役立たない。他人の仕事をひそかに妨害することさえある。「だから言っただろう、うまくいかないって」と言いたいために。

◆職場全体の士気を落とす

たった一つの腐ったリンゴが樽のなかのリンゴを全部ダメにするように、ただ一人のネガティブな人間のために、チーム全体の士気が落ちることがある。

ネガティブな人間はつねに励ましたりほめたりして安心させ、自信をもたせる必要がある。彼らとのあいだに良好でしっかりした関係を築くことができれば、人柄は変えられないかもしれないが、行動は変えられる。

彼らに話しかけてほしい。彼らの関心事、目標、実生活をできるだけ理解する。彼らが仕事に求めるもので、いま得られていないものは何だろう？　可能ならばトレーニングやコーチングなどの支援を提供して、彼らが問題を克服して目的を達成する手助けをする。

彼らと友達になる必要はないが、敵になってはいけない。決定を伝えるときは、時間をかけて十分に説明する。彼らにアイディアや意見を求めてほしい。仕事以外のことで気軽に雑談を交わすようにして、私たちがただの上司や「経営者の手先」ではなく、一人の人間と見られるようにする。

時間をかけて彼らを理解し、彼らを「問題のある従業員」ではなく「問題を抱えた一人の人間」と見ることができるようになれば、ずっと円滑で生産的な人間関係が築けるだろう。

懲戒の新システム

管理者の仕事のなかでも最も不愉快なのが、部下を懲戒処分にすることだ。「懲戒」と聞いて、頭にすぐ浮かぶ同意語は何だろう？　たいていの人が「罰」と答えるだろう。懲戒処分はこれまでずっと、会社の規則を破ったり仕事に対する熱意に欠けたりしたときに従業員を罰する方法だとみなされてきた。

人にどんなことでもさせられる方法がこの世に一つだけある。それは自分からそれをやりたいと思わせることだ。

デール・カーネギー

従来の懲戒処分のシステムは、最も軽い「譴責《けんせき》」に始まり、効果が見られない場合は「始末書を書かせる」「謹慎」「停職」としだいに重い処分になり、最後は「解雇」ということになる。これは罪をおかした従業員はそれをつぐなうものという考えにもとづいている。しかしこの姿勢は非生産的で逆効果だ。罰は恨みや敵意を買うことがある。そこで昨今、多くの組織で採用されて効果を上げているのが「規律に同意させる」という新しい取り組みである。これは罰を与えるのではなく、一連の誓約というかたちをとり、実際の手順はつぎのようになる。

◆同意を求める

従業員はオリエンテーションの期間中に、会社の規則と方針を十分に認識することを求められる。またその方針を受け入れ、それに従うことを求められる。

◆同意の強化

従業員は数カ月間業務についたあと、監督者と面談し、規則と方針について再度説明を受ける。従業員はそれらに従うことにあらためて同意する。

◆違反が起きたとき

規則違反があったときは、監督者は従業員と話し合い、当人が会社の方針に従うことに同意しているかどうかを確認する。従業員は規則と自らの義務との両方を理解していることを監督者に受け合うことを求められる。これは覚書として文書にされ、従業員と監督者の両方が署名する。

◆違反がくり返されたとき

従業員が同意の誓約に背いて違反をくり返したときは、二度目の話し合いがもたれ、誓約が強化される。

◆最終的な話し合い

軽微な規則違反が一定の期間内に三度あったとき、あるいは重大な違反が一度あったときは、監督者はその従業員に本当に会社に残りたいかどうかをたずねる。残りたいと答えた場合はその従業員に、違反を自覚していること、今後二度と誓約に背かないことを述べる文書に署名させる。

◆解雇

誓約が守られなかった場合は、その従業員は解雇される。

この方式を採用している会社は、これが従業員の士気と品行の水準を維持するのに効果的であることを報告している。

まとめ

◆リーダーの仕事のプロになれば、上司は部下の尊敬を得る存在になる。そのためには、部下を公平にあつかい、つねに部下の味方になり、ほめるべきはほめ、部下の話をよく聴き、部下をサポートする。
◆初めて管理職についたときは最初が肝心である。自分のやり方を押しつけたり、いますぐ変えたりしようとせず、部下に協力を求める。
◆部下と「友達づき合い」をつづけることは避ける。上司に必要な支配力を保つ。
◆難しい部下のあつかいに注意する。よく話し合い、彼らを理解する。「問題のある従業員」ではなく、「問題を抱えた一人の人間」として見る。

デール・カーネギーの原則

人にもっと好かれる人間になる二〇の原則

1◆批判しない。非難しない。小言を言わない。

2◆心からほめる。正直にほめる。

3◆人を心からそうしたいという気持ちにさせる。

4◆人に心から関心をもつ。

5◆笑顔を忘れない。

6◆名前はその人にとって、他の何よりも心地よく聞こえる言葉であることを忘れない。

7◆よい聴き手になる。人に自分についての話をさせる。

8◆相手が興味をもっていることを話題にする。

9◆相手に自分は重要な人間だと感じさせる。心からそうつとめる。
10◆議論に勝ちたければ、議論しないことだ。
11◆人の意見に敬意をしめす。「あなたはまちがっている」と決して言わない。
12◆自分がまちがっていたら、直ちにはっきりと認める。
13◆話は愛想よく切り出す。
14◆即座にイエスと答える質問をする。
15◆心ゆくまで話をさせる。
16◆これは人から押し付けられたのではなく、自分の考えだと思わせる。
17◆相手の立場でものを見ることに真剣につとめる。
18◆考えと欲求に共感する。
19◆高いこころざしに訴える。
20◆アイディアをドラマティックに演出する。
21◆チャレンジ精神に訴える。
22◆まずほめる。正直にほめる。話はそれからである。
23◆ミスは直接指摘せず、間接的な方法で当人に気づかせる。
24◆他人を批判するまえに、自分の失敗談を打ち明ける。
25◆命令するかわりに質問する。

26◆相手の顔をつぶさない。
27◆進歩はどんなにわずかなものでも、そのつどほめる。
「心からうなずき、惜しみない賛辞をおくる」ことを忘れない。
28◆高い評価を与え、期待に応えさせる。
29◆励まして、欠点は容易に直せるという気持ちにさせる。
30◆こちらの提案に喜んで従える工夫をする。

悩みを乗り越える基本的原則

1◆今日というこの一日だけを生きる。
2◆困難に直面したら――
a◆起こりうる最悪の事態は何かを自問する。
b◆その最悪の事態を受け入れる覚悟をする。
c◆その最悪の事態が少しでもよくなるような努力をする。
3◆悩むと、その高額のツケを健康で支払うことになるのを忘れてはならない。

悩みを分析する基本的テクニック

1◆あらゆる事実を入手する。
2◆すべての事実をはかりにかけてから決断する。
3◆ひとたび決断したら、行動する。
4◆つぎの質問を書き出しておき、それに答える。
a◆問題は何か?
b◆問題の原因は何か?
c◆どんな解決法が考えられるか?
d◆最良の解決法はどれか?

悩み癖を寄せつけない六つの心得

1◆忙しく暮らす。
2◆小さいことで大騒ぎしない。
3◆めったに起きない事態を想像して取り越し苦労をしない。

4◆避けられないこととは共存する。
5◆それがどれだけ悩む価値のあることかを判断し、それ以上に悩まない。
6◆すんだことにくよくよしない。

心の姿勢を養い、安らぎと幸せを呼ぶ七箇条

1◆穏やかで、勇敢で、健全で、希望に満ちた考えで頭をいっぱいにしておく。
2◆仕返しをしようとしない。
3◆感謝されることを期待しない。
4◆幸せの数を数える。苦労の数ではなく。
5◆人の真似をしない。
6◆失敗から学ぶようつとめる。
7◆他人を幸福にする。

デール・カーネギーについて

デール・カーネギーは、今日ではヒューマン・ポテンシャル・ムーブメント（人間の潜在性開発運動）と呼ばれる成人教育活動のパイオニアである。彼の教えと著作はいまも世界中で、人々が自信をもち、人柄をみがき、影響力のある人間になる後押しをしている。

カーネギーが初めて講座を開いたのは一九一二年、ニューヨーク市のＹＭＣＡでのこと。それはパブリックスピーキング、すなわち人前で話すことやスピーチのしかたを指導する教室だった。当時のほとんどの話し方教室がそうだったように、彼の講座も、すぐれた話し方の基礎理論から始まった。しかし生徒たちはたちまち飽きてしまい、そわそわとよそ見をしはじめる。これはなんとかしなければ……。

デールは講義をやめて、教室のうしろのほうに座っていた一人の男性に声をかけ、立って話をしてくれないかと頼んだ。自分のいままでのことについて何でも思いつくままに話していいからと。その生徒の話が終わると、別の生徒にも同じことを頼み、そうやって順々に話をさせていくうちに、結局はクラス全員が自分のことについてちょっとしたスピーチをしていたのだった。クラスメートの励ましとカーネギーの指導によって、誰もが人前で話すことへの恐怖心を乗り越え、りっぱに話していた。カーネギーはそのときのことを、のちにこう報告している。「私はそれと気づかないうちに、恐怖心を克服する最良の道へと、よろめくように踏み出していたのである」

カーネギーの講座は大人気となり、他の都市からも開催を頼まれるようになった。それからの年月、彼はたゆむことなく講座を改良しつづける。生徒たちが最も関心をもっているのが、自信を高めることや人間関係の改善、社会的成功、そして不安や悩みの克服などだとわかると、講座のテーマもパブリックスピーキングから、そういうものへと変わっていった。それ自体が目的だったスピーチは、他の目的のための手段になった。

カーネギーは生徒たちから学んだことにくわえて、成功した男女が人生をいかに生きてきたかを徹底的に調査し、その成果を講座に取り入れた。そこから彼の最も有名な著作『人を動かす』（*How to Win Friends and Influence People*）が誕生する。

その本はたちまちベストセラーとなった。一九三六年の初版以来、一九八一年の改訂版と合わせて販売部数は二〇〇〇万部以上。三六の言語に翻訳されている。二〇〇二年には「二〇世紀最高のビジネス書」に指名され、二〇〇八年にはフォーチュン誌から「リーダーの本棚に備えられるべき七冊の本」の一冊にも選ばれた。一九四八年に出版された『道は開ける』（*How to Stop Worrying and Start Living*）も、数百万部の売れ行きとなり、二七の言語に翻訳されている。

デール・カーネギーと彼が創立したデール・カーネギー協会の後継者たちがこれまでに開発し指導してきたコースやセミナーは、すでに世界七〇カ国以上で、何百万人もの人々に受講され、工場やオフィスに勤める人たちから政府の高官まで、あらゆる社会階層の人々の人生を変えている。修了生には大企業のＣＥＯ（最高経営責任者）もいれば、議員もいる。あらゆる業界の、あらゆる規模の会社や組織のオーナーや管理職がいる。そこでの経験によって人生が豊かになった数え切れない有名無名の人々がいる。

一九五五年一一月一日、デール・カーネギーが世を去ると、ワシントンのある新聞は死亡記事で彼の功績をこう称えた。「デール・カーネギーは宇宙の深遠な謎の何かを解明したわけではない。しかし、人間がおたがいに仲良くやっていくすべを知るという、ときには他の何より必要と見えることに、おそらくは今日の誰よりも貢献した」

デール・カーネギー協会について

デール・カーネギー・トレーニングは一九一二年、自己改善の力にかける一人の男の信念によって始められ、今日では世界中に拠点をもつ組織となって、実践を中心にしたトレーニングを行なっています。その使命はビジネス社会の人々にスキルをみがき能力を向上させる機会を提供して、強く安定した、高い利益につながる実力を身につけていただくことです。

創業当初のデール・カーネギーの知識は、それからほぼ一世紀におよぶ実社会のビジネス経験をとおして更新され、拡大され、洗練されてきました。現在は世界に一六〇箇所ある公認の拠点を通じ、あらゆる業種、あらゆる規模の会社や組織でのトレーニングやコンサルティング業務の体験を活用して知識と技術の向上に励んでいます。この世界中から集められ、蓄積された経験は、ビジネス社会に対する深い眼識となり、日々に拡大される知恵の宝庫となって、高い業績を追うクライアントの厚い信頼を得ています。

デール・カーネギー・トレーニングはニューヨーク州ホーポーグに本部を置き、アメリカ合衆国五〇州のすべてと七五をこえる国々で講座を開いています。プログラムを指導するインストラクターは二七〇〇人以上、使われる言語は二五以上。世界中のビジネス社会に役立つことに全力をあげており、じじつ修了生は七〇〇万人にのぼっています。

トレーニングの中心となるのが実用的な原則とその習得です。独特のプログラムが開発されており、人々がビジネス社会で自らの価値を高めるのに必要な、知識とスキルと実践の場を提供しています。実社会で出会う種々の問題と、効果の証明された解決法とを結びつけるデール・カーネギー・トレーニングは、人々から最良のものを引き出す教育プログラムとして世界中から認められています。

デール・カーネギー協会では品質保証の一環として、トレーニング効果の測定・評価を行なっています。現在進行中の顧客満足度に対する世界的な調査では、修了生の九九パーセントが、受けたトレーニングに満足したと回答しています。

編者について

本書の編者アーサー・R・ペル博士は、二二年間デール・カーネギー協会の顧問をつとめ、同協会よりデール・カーネギー著『人を動かす』(*How to Win Friends and Influence People*)の改訂・編者に選任されている。『自己を伸ばす』(*Enrich Your Life, the Dale Carnegie Way*)の著者であり、一五〇の業界・専門誌に毎月掲載されたデール・カーネギー特集「ザ・ヒューマンサイド」の執筆・編集も行なった。

人材管理、人間関係改善、自己啓発にかんする著作は五〇作以上、記事は何百編にもおよぶ。またナポレオン・ヒル『思考は現実化する』、ジョセフ・マーフィー『眠りながら成功する』、ジェームズ・アレン『「原因」

と「結果」の法則』、ヨリトモ・タシ『コモンセンス』などのほかオリソン・スウェット・マーデン、ジュリア・セトン、ウォーレス・D・ワトルズらによる潜在性開発分野の古典的作品の改訂・編集も行なっている。

〈訳者紹介〉

片山陽子（かたやま・ようこ）

翻訳家。お茶の水女子大学文教育学部卒業。訳書はE・ウィナー『才能を開花させる子供たち』（日本放送出版協会）、J・キーオ『マインド・パワー』（春秋社）、F・ジョージ『「できない自分」を「できる自分」に変える方法』（PHP研究所）、A・クライン『笑いの治癒力』、A・ロビンソン『線文字Bを解読した男』、G・E・マーコウ『フェニキア人』（以上、創元社）など多数。

D・カーネギーの指《し》導《どう》力《りょく》

二〇一二年二月二〇日 第一版第一刷発行

訳　者　片山陽子

発行者　矢部敬一

発行所　株式会社 創元社

〈本　　社〉〒五四一-〇〇四七 大阪市中央区淡路町四-三-六
電話（〇六）六二三一-九〇一〇㈹

〈東京支店〉〒一六二-〇八二五 東京都新宿区神楽坂四-三 煉瓦塔ビル
電話（〇三）三二六九-一〇五一㈹

〈ホームページ〉http://www.sogensha.co.jp/

印刷　太洋社　組版　はあどわあく

本書を無断で複写・複製することを禁じます。
乱丁・落丁本はお取り替えいたします。
定価はカバーに表示してあります。

ISBN978-4-422-10037-1 C0311

オーディオCD版

人を動かす
◉
道は開ける

電車の中や車の中で、耳で聞くオーディオ版は
毎朝の通勤時間のあいだに
カーネギーのアドバイスをもう一度思い起こさせて
充実した日々を約束します。

★

カーネギーの二大名著『人を動かす』『道は開ける』を
やわらかな口語調に直してプロのアナウンサーが朗読。
オーディオCD各８枚に収録。

オーディオＣＤ版
道は開ける

ＣＤ８枚
総朗読時間９時間50分

本体15,000円（税別）

オーディオＣＤ版
人を動かす

ＣＤ８枚
総朗読時間８時間46分

本体12,000円（税別）

世界中で読み継がれる
自己啓発書の原点

新装版
人を動かす
デール・カーネギー著　山口博訳

【カーネギー関連書】

- 新装版　道は開ける　D・カーネギー著／香山晶訳
- カーネギー話し方入門　D・カーネギー著／市野安雄訳
- 自己を伸ばす　A・ペル著／香山晶訳
- リーダーになるために　D・カーネギー協会編／山本徳源訳
- カーネギー名言集　ドロシー・カーネギー編／神島康訳
- 人を生かす組織　D・カーネギー協会編／原一男訳
- カーネギー人生論　D・カーネギー著／山口博・香山晶訳
- セールス・アドバンテージ　D・カーネギー協会編　J・O・クロムほか著／山本望訳
- 13歳からの「人を動かす」　ドナ・カーネギー著／山岡朋子訳
- D・カーネギー・トレーニング　パンポテンシア編
- 新版　ハンディーカーネギー・ベスト　D・カーネギー著　ドロシー・カーネギー編　香山晶・山口博・神島康訳